RAW सीक्रेट एजेंट्स

RAW सीक्रेट एजेंट्स

भारतीय गुप्तचरों के खुफिया मिशनों का रोमांचक दस्तावेज

हर्षा शर्मा

प्रतिभा प्रतिष्ठान, नई दिल्ली

प्रकाशक : प्रतिभा प्रतिष्ठान,
694-बी (निकट अजय मार्केट), चावड़ी बाजार, दिल्ली-110006
 / संस्करण : 2026 / पेपरबैक मूल्य : चार सौ रुपए
मुद्रक : आर-टेक ऑफसेट प्रिंटर्स, दिल्ली ISBN 978-81-19032-03-7

RAW SECRET AGENTS *by* Ms. Harsha Sharma ₹ 400.00 (PB)
Published by **PRATIBHA PRATISHTHAN**
694-B (Near Ajay Market), Chawri Bazar, Delhi-110006

मन समर्पित, तन समर्पित
और यह जीवन समर्पित,
चाहता हूँ देश की धरती
तुझे कुछ और भी दूँ।

भारत की ऊर्जावान् प्रकृति को समर्पित, जहाँ मुझे ज्ञान प्राप्त हुआ।

यह पुस्तक समर्पित है उन गुमनाम शहीदों को और उनके परिवारों को, जो सदैव त्याग व बलिदान को तत्पर रहे तथा समर्पित है ईश-चरणों के साथ ही मेरे माता-पिता एवं बड़े भाई-भाभी को, जिनके आशीर्वाद व स्नेह से सदैव ही मेरे साथ अच्छा होता है।

अंततः, यह पुस्तक समर्पित है कश्मीर की बर्फीली व खूबसूरत स्वर्ग-सी वादियों को तथा आदिगुरु शंकराचार्य की तपोभूमि को, जिसने मुझे इस पुस्तक के लेखन कार्य हेतु प्रेरित किया।

अपनी बात

जासूसी एक अवैध गतिविधि है। जासूस कभी भी मनमानी या मन-मरजी से काम नहीं कर सकते। वे केवल वही काम करते हैं, जो उन्हें सौंपा जाता है। ईमानदारी, सत्यनिष्ठा, वफादारी, सच्चाई और नियोक्ता का अनुपालन ऐसे गुण हैं, जो एक जासूस के किसी भी प्रदर्शन में सामने आते हैं। ये मूल्य जासूसों एवं उनके नियोक्ताओं के बीच विश्वास के कारण हैं और पेशे की गरिमा को आधार प्रदान करते हैं।

एक जासूस की जिंदगी जेम्स बॉण्ड जैसी नहीं होती। बस, वे असाधारण काम करनेवाले सामान्य लोग होते हैं। उन्हें कभी भी किसी को यह बताने की आवश्यकता नहीं होती है कि वे जासूस हैं, क्योंकि इसकी अनुमति नहीं है।

"यह कुछ ऐसा है, जिसे आपको स्वीकार करना होगा।" एक जासूस के अनुसार, "हम रहस्यों में सौदा करते हैं। यही हमारा व्यापार है। यही हम करते हैं। बहुत से लोग नहीं जानते कि मैं कहाँ काम करता हूँ।"

खुफिया सेवाओं में काम करना तनावपूर्ण हो सकता है। 'बाहरी लोगों' के साथ अपने काम के विवरण पर चर्चा करना बिल्कुल मना है और देश के बाहर जासूसी करना तो जान हथेली पर लेकर फिरने जैसा है। फिल्मी कहानियों से उलट, पकड़े जाने पर यहाँ चमत्कार होने की

कोई उम्मीद नहीं होती। ऐसी स्थिति में उनके नियोक्ता भी हाथ खींच लेते हैं। वे कभी स्वीकार नहीं करते कि वे उनके जासूस हैं, न ही वे उन्हें जासूस होने की मान्यता देते हैं। यही इस खेल का अलिखित स्पष्ट नियम है। पकड़े जाने पर जासूसों को भयंकर यातनाओं से गुजरना पड़ सकता है और पूरी जिंदगी जेल में काटनी पड़ सकती है। छूटकर वापस आने पर भी उन्हें अकसर राज्य की ओर से कोई आर्थिक मदद मिलने की गारंटी नहीं होती है।

प्रस्तुत पुस्तक में दी गई जासूसों की भावुक कहानियों में हमें यही जानने को मिलता है कि ये कथित जासूस वर्षों जेल में अपनी जवानी खपाकर लौटे तो बुढ़ापे में इन्हें नारकीय जीवन हासिल हुआ। आजीविका के लिए किसी को रिक्शा चलाना पड़ा तो किसी को मजदूरी करनी पड़ी। किसी को ऐसा सदमा लगा कि वह अपनी सुधबुध खो बैठा। लेकिन जैसा कि बताया गया है, यही इस खेल का नियम है, जो शायद आनेवाले वर्षों में भी न बदले।

अनुक्रम

अपनी बात 7

1. अजीत डोभाल 11
2. अनिल धस्माना 26
3. अशोक चतुर्वेदी 34
4. आर.एन. काव 41
5. कश्मीर सिंह 48
6. गुरबख्श राम 57
7. गोपाल दास 62
8. डेनियल मसीह 70
9. बलबीर सिंह 75
10. बहिरजी नाइक 84
11. भगतराम तलवार 90
12. मोहनलाल भास्कर 95
13. रवींद्र कौशिक 102
14. विनोद साहनी 110
15. सतपाल 116

16. सरबजीत सिंह 124
17. सरस्वती राजमणि 133
18. सुरजीत सिंह 139
कुछ अन्य जासूस 145
संदर्भ-सूची : साभार 150

अजीत डोभाल

अजीत डोभाल भारतीय पुलिस सेवा के सबसे सम्मानित अधिकारियों में से एक हैं। वे 'परम वीर चक्र' के बाद दूसरा सर्वोच्च वीरता पुरस्कार 'कीर्ति चक्र' पानेवाले पहले पुलिस अधिकारी हैं। वे केरल कैडर के 1968 बैच के आई.पी.एस. हैं और जनवरी 2005 में इंटेलिजेंस ब्यूरो (आई.बी.) के प्रमुख के रूप में सेवानिवृत्त हुए।

गढ़वाल से संबंध रखनेवाले डोभाल की एक 'ऑपरेशन मैन' के रूप में उत्कृष्ट साख है। उन्होंने मिजोरम विद्रोह में एक फील्ड ऑपरेटिव के रूप में नाम कमाया, जहाँ उन्होंने विद्रोही नेता लालडेंगा पर काबू किया। सन् 1989 में उन्होंने अमृतसर में स्वर्ण मंदिर से आतंकवादियों को निकालने के लिए 'ऑपरेशन ब्लैक थंडर' में पंजाब पुलिस एवं राष्ट्रीय सुरक्षा गार्ड (एन.एस.जी.) के साथ एक आई.बी. टीम का नेतृत्व किया।

कई वर्षों तक उन्होंने आई.बी. के भीतर कई महत्त्वपूर्ण टीमों का नेतृत्व किया, जिसमें भारत में इसलामी आतंकवाद के खिलाफ महत्त्वपूर्ण अभियान शामिल थे। वर्ष 1993 में मुंबई बम धमाकों के बाद अंडरवर्ल्ड गैंगस्टर दाऊद इब्राहिम को पकड़ने के लिए बनाई गई टीम का भी उन्होंने नेतृत्व किया।

अजीत डोभाल

अजीत डोभाल ने कभी जासूस बनकर तो कभी भिखारी का वेश रखकर देश की सुरक्षा में सेंध लगने से बचाई है। उनकी अनोखी कूटनीतियों और कुशल रणनीतियों की वजह से ही उन्हें भारत का 'मॉडर्न जेम्स बॉण्ड' और 'चाणक्य' कहा जाता है।

उन्हें राष्ट्रीय सुरक्षा सलाहकार के रूप में तो सभी जानते हैं, लेकिन कम ही लोग जानते होंगे कि वे पाकिस्तान में अंडर कवर एजेंट रह चुके हैं।

सन् 1945 में पौड़ी गढ़वाल के एक गढ़वाली परिवार में जनमे अजीत डोभाल आई.बी. समेत कई महत्त्वपूर्ण विभागों के मुखिया रहे हैं। वर्ष 1968 में केरल कैडर के लिए आई.पी.एस. चुने जाने के बाद अजीत डोभाल की पहली पोस्टिंग केरल राज्य में हुई। अभी लगभग डेढ़ वर्ष ही हुए थे कि तभी कन्नूर जिले के थलासेरी में सांप्रदायिक दंगे भड़क उठे, जिसे वहाँ के तत्कालीन पुलिस अधिकारी नियंत्रित नहीं कर पा रहे थे। उस वक्त के. करुणाकरण केरल के मुख्यमंत्री थे। उन्होंने अजीत डोभाल को थलासेरी भेजने का निर्णय लिया। वहाँ पहुँचकर उन्होंने मात्र दो ही दिनों में न सिर्फ दंगों को समाप्त किया, बल्कि उन दंगों के दौरान लूटे गए सारे माल को भी बरामद करके उनके असली हकदारों को वापस लौटाया। इससे उनकी छवि एक दबंग पुलिस ऑफिसर के रूप में उभरकर सामने आई।

सन् 1945 में पौड़ी गढ़वाल के एक गढ़वाली परिवार में जनमे अजीत डोभाल आई.बी. समेत कई महत्त्वपूर्ण विभागों के मुखिया रहे हैं। वर्ष 1968 में केरल कैडर के लिए आई.पी.एस. चुने जाने के बाद अजीत डोभाल की पहली पोस्टिंग केरल राज्य में हुई।

इसी दौरान पंजाब और मिजोरम में हुए उग्रवादी आंदोलन में वे सक्रिय रूप से शामिल रहे। अजीत डोभाल ने मिजो नेशनल आर्मी के साथ बर्मा और चीन की सीमा के अंदर एक लंबा समय बिताया। मिजो नेशनल फ्रंट के विद्रोह के समय भी उनका प्रदर्शन यादगार रहा। मिजोरम में डोभाल ने मिजो नेशनल फ्रंट को शक्तिहीन किया और वहाँ शांति की स्थापना की।

इसके बाद, वर्ष 1999 में कंधार में इंडियन एयरलाइंस के विमान आई.सी.-814 के अपहरण के मुद्दे पर अजीत डोभाल उन तीन अधिकारियों में से एक थे, जिन्होंने रिहाई के मुद्दे पर देश की ओर से बात की। अजीत डोभाल को वर्ष 1971 से 1999 तक हुए सभी 15 विमान अपहरणों में वार्त्ताकार के रूप में शामिल होने का अनुभव है।

इसके बाद, वर्ष 1999 में कंधार में इंडियन एयरलाइंस के विमान आई.सी.-814 के अपहरण के मुद्दे पर अजीत डोभाल उन तीन अधिकारियों में से एक थे, जिन्होंने रिहाई के मुद्दे पर देश की ओर से बात की। अजीत डोभाल को वर्ष 1971 से 1999 तक हुए सभी 15 विमान अपहरणों में वार्त्ताकार के रूप में शामिल होने का अनुभव है।

अजीत डोभाल ने एक दशक से भी अधिक समय से आई.बी. के ऑपरेटिंग विंग का नेतृत्व किया। इसके अलावा, वे मल्टी एजेंसी सेंटर (एम.ए.सी.) और जॉइंट टास्क फोर्स ऑन इंटेलिजेंसी के संस्थापक अध्यक्ष भी रहे।

अजीत डोभाल ने आतंकवाद-निरोधी कार्यों के लिए भारत के तीसरे राष्ट्रीय सुरक्षा सलाहकार एम.के. नारायणन द्वारा ट्रेनिंग भी प्राप्त की। सन् 1988 में 'ऑपरेशन ब्लैक थंडर' से पहले उन्होंने स्वर्ण मंदिर

में प्रवेश कर महत्त्वपूर्ण जानकारियाँ एकत्रित की थीं।

वर्ष 2014 में अजीत डोभाल ने उन 46 भारतीय नर्सों की रिहाई में महत्त्वपूर्ण भूमिका निभाई, जो इराक में फँसी हुई थीं और जिनके परिजनों ने भी उनसे अपना संपर्क खो दिया था। इसके लिए वे स्वयं इराक गए और गुप्त मिशन पर कार्य किया।

अजीत डोभाल ने सेना प्रमुख के साथ म्याँमार के बाहर चल रहे आतंकवादियों के खिलाफ अभियान में भी महत्त्वपूर्ण भूमिका निभाई। यह अभियान 50 आतंकवादियों को ढेर करते हुए एक सफल अभियान साबित हुआ।

अजीत डोभाल ने सेना प्रमुख के साथ म्याँमार के बाहर चल रहे आतंकवादियों के खिलाफ अभियान में भी महत्त्वपूर्ण भूमिका निभाई। यह अभियान 50 आतंकवादियों को ढेर करते हुए एक सफल अभियान साबित हुआ।

अजीत डोभाल को पाकिस्तान के संबंध में भारतीय सुरक्षा नीतियों में बदलाव करने का भी श्रेय प्राप्त है। वर्ष 2016 में हुई सर्जिकल स्ट्राइक में अजीत डोभाल की भूमिका को भी अहम माना जाता है। कहा जाता है कि उन्हीं की योजना से भारत अपने लक्ष्य को प्राप्त करने में सफल हुआ।

वर्ष 2018 में उन्हें स्ट्रेटेजिक पॉलिसी ग्रुप का अध्यक्ष नियुक्त किया गया। इसके अलावा, पुलवामा आतंकी हमले के जवाब में भारतीय वायु सेना द्वारा की गई जवाबी काररवाई में भी अजीत डोभाल की भूमिका अहम रही है। पाकिस्तान की ओर से की जानेवाली काररवाई के लिए भी भारत की सेना को तैयार रखने की जिम्मेदारी में उन्होंने सेना प्रमुखों के साथ मिलकर कमान सँभाली।

केरल सांप्रदायिक दंगों में मिली सफलता के बाद सन् 1972 में

अजीत डोभाल को दिल्ली बुला लिया गया। उन्हें आई.बी. में नियुक्त किया गया। आई.बी. में नियुक्ति के दौरान उन्हें 'जेम्स बॉण्ड' कहा जाता था। जॉइन होने के बाद उनकी पोस्टिंग मिजोरम में हुई। यह पोस्टिंग उन्होंने खुद माँगी थी, क्योंकि उस वक्त मिजो नेशनल फ्रंट का विद्रोह चरम पर था। मिजो विद्रोहियों ने मिजोरम को स्वतंत्र घोषित करके भारतीय सेना के साथ युद्ध घोषित कर दिया था। हिंसा बहुत ज्यादा हो रही थी। पुलिस और सेना पर लगातार हमले हो रहे थे। पाकिस्तान से हथियार सप्लाई हो रहे थे।

तब अजीत डोभाल सीक्रेट एजेंट बनकर गए। वे विद्रोहियों से मिलकर मिजो आर्मी में शामिल हो गए। आगे चलकर उन्होंने विद्रोहियों का ब्रेनवॉश किया, फिर उन्हें आत्मसमर्पण करने को मजबूर कर दिया। मिजो नेशनल फ्रंट (एम.एन.एफ.) विद्रोह के दौरान डोभाल ने लालडेंगा के सात कमांडरों में से छह पर जीत हासिल की।

तब अजीत डोभाल सीक्रेट एजेंट बनकर गए। वे विद्रोहियों से मिलकर मिजो आर्मी में शामिल हो गए। आगे चलकर उन्होंने विद्रोहियों का ब्रेनवॉश किया, फिर उन्हें आत्मसमर्पण करने को मजबूर कर दिया। मिजो नेशनल फ्रंट (एम.एन.एफ.) विद्रोह के दौरान डोभाल ने लालडेंगा के सात कमांडरों में से छह पर जीत हासिल की। उन्होंने लंबे समय तक मिजो नेशनल आर्मी के साथ बर्मा के अराकान और चीनी क्षेत्र के अंदर समय बिताया। मिजोरम से डोभाल सिक्किम गए, जहाँ उन्होंने भारत के साथ राज्य के विलय के दौरान भूमिका निभाई।

सिक्किम में भी मिजोरम जैसे हालात को अजीत डोभाल ने बहुत

अच्छे से नियंत्रित किया। सन् 1975 में सिक्किम भी भारत में शामिल हो गया। सिक्किम को भारत में शामिल करने में अजीत डोभाल का बहुत बड़ा हाथ रहा।

मिजोरम और सिक्किम में उत्कृष्ट योगदान के लिए अजीत डोभाल को 'प्रेसिडेंट पुलिस मेडल अवार्ड' से सम्मानित किया गया। इस मेडल की विशेषता यह है कि यह मेडल 14 वर्ष की सेवा पूरी करने के बाद ही मिलता है। लेकिन अजीत डोभाल को यह मेडल मात्र 7 वर्ष की सेवा में ही सन् 1975 में दिया गया। यह वास्तव में उनके लिए बहुत बड़ी उपलब्धि थी।

मिजोरम और सिक्किम में उत्कृष्ट योगदान के लिए अजीत डोभाल को 'प्रेसिडेंट पुलिस मेडल अवार्ड' से सम्मानित किया गया। इस मेडल की विशेषता यह है कि यह मेडल 14 वर्ष की सेवा पूरी करने के बाद ही मिलता है। लेकिन अजीत डोभाल को यह मेडल मात्र 7 वर्ष की सेवा में ही सन् 1975 में दिया गया।

इंडियन एयरलाइंस के विमान आई.सी.-814 के अपहरण की घटना सन् 1999 की है। उस घटना में पाकिस्तानी आतंकवादियों ने काठमांडू से दिल्ली के लिए उड़े विमान आई.सी.-814 का अपहरण कर लिया। उस विमान में 176 भारतीय यात्री सवार थे। आतंकवादी विमान का अपहरण कर उसे पहले लाहौर और फिर लाहौर से अफगानिस्तान में कंधार ले गए। वहाँ सभी यात्रियों को बंधक बना लिया गया। इस बीच भारत की ओर से अजीत डोभाल ने आतंकवादियों से बातचीत की। आतंकियों ने यात्रियों को सुरक्षित छोड़ने के बदले भारतीय जेलों में बंद पाकिस्तानी आतंकवादियों को सौंपने की माँग की। उनकी इस माँग को पूरा करते हुए तीन आतंकवादियों को रिहा कर दिया गया

और बदले में करीब सभी यात्रियों को सुरक्षित वापस लौटा लाया गया।

पाकिस्तान में एक अंडरकवर ऑपरेटिव के रूप में अजीत डोभाल ने खुफिया एवं आतंकवादी गतिविधियों की जानकारी एकत्रित करने की बड़ी जिम्मेदारी निभाई। उनके निशाने पर माफिया डॉन दाऊद इब्राहिम जैसे बड़े आतंकी नाम थे। अजीत डोभाल 7 वर्ष पाकिस्तान में भारत के जासूस बनकर रहे। इस दौरान उन्होंने खुद को एक मुसलमान की तरह रखा और किसी को भी इसकी भनक नहीं लगने दी कि वे हिंदू हैं। लेकिन एक बार ऐसी स्थिति आई, जब पाकिस्तान में उनकी पोल खुल गई।

वे लाहौर के एक मुसलिम इलाके में एक मुसलमान के रूप में रहा करते थे। लाहौर में ही एक बहुत बड़ी औलिया की मजार है, जहाँ बहुत लोग जाया करते हैं। एक बार वे वहाँ से गुजर रहे थे। इसी दौरान उन्हें एक बहुत ही आकर्षक व्यक्ति ने अपने पास बुलाया। उसकी बहुत लंबी व सफेद दाढ़ी थी, जो देखने में मुसलमान लगता था।

वे लाहौर के एक मुसलिम इलाके में एक मुसलमान के रूप में रहा करते थे। लाहौर में ही एक बहुत बड़ी औलिया की मजार है, जहाँ बहुत लोग जाया करते हैं। एक बार वे वहाँ से गुजर रहे थे। इसी दौरान उन्हें एक बहुत ही आकर्षक व्यक्ति ने अपने पास बुलाया। उसकी बहुत लंबी व सफेद दाढ़ी थी, जो देखने में मुसलमान लगता था।

डोभाल उसके पास गए। उसने कहा, "तुम हिंदू हो।"

डोभाल ने कहा, "नहीं, मैं मुसलमान हूँ।"

उसने कहा, "तुम झूठ बोल रहे हो। तुम हिंदू हो।"

डोभाल ने फिर इनकार किया।

उसने कहा, "मैं जानता हूँ कि तुम हिंदू हो, क्योंकि तुम्हारे कान छिदे हुए हैं।"

इस पर डोभाल ने उससे कहा, "मैं बाद में कन्वर्ट हुआ हूँ।"

उस व्यक्ति ने कहा, "नहीं, तुम बाद में भी कन्वर्ट नहीं हुए हो।"

डोभाल ने उससे पूछा कि आपने इतनी सूक्ष्म बात कैसे जानी, तो वह बोला कि वह भी हिंदू है।

उसने डोभाल को सलाह दी कि वे प्लास्टिक सर्जरी करा लें, नहीं तो यहाँ दिक्कत हो जाएगी। डोभाल ने बाद में प्लास्टिक सर्जरी करा ली; हालाँकि, उनके कान में अब भी हलका सा छेद दिखता है।

सन् 1984 में भारतीय सेना द्वारा किए गए 'ऑपरेशन ब्लू स्टार' के दौरान उन्होंने एक गुप्तचर की भूमिका निभाई और भारतीय सुरक्षा बलों के लिए महत्त्वपूर्ण खुफिया जानकारियाँ उपलब्ध कराईं, जिनकी मदद से सैन्य ऑपरेशन सफल हो सका। इस दौरान उनकी भूमिका एक ऐसे पाकिस्तानी जासूस की थी, जिसने खालिस्तानियों का विश्वास जीत लिया था और उनकी तैयारियों की जानकारी मुहैया करवाई थी।

> ***सन् 1984 में भारतीय सेना द्वारा किए गए 'ऑपरेशन ब्लू स्टार' के दौरान उन्होंने एक गुप्तचर की भूमिका निभाई और भारतीय सुरक्षा बलों के लिए महत्त्वपूर्ण खुफिया जानकारियाँ उपलब्ध कराईं, जिनकी मदद से सैन्य ऑपरेशन सफल हो सका।***

वर्ष 1984 में स्वर्ण मंदिर के आसपास अमृतसर के जरनैल सिंह भिंडराँवाले का बोलबाला था और खालिस्तानी उग्रवादियों ने एक

रिक्शा–चालक को वहाँ देखा। वह क्षेत्र में नया था और काफी साधारण-सा लग रहा था। संदिग्ध उग्रवादियों ने उसे अपनी निगरानी सूची में डाल दिया। रिक्शा–चालक ने उग्रवादियों को आश्वस्त किया कि वह एक आई.एस.आई. एजेंट है, जिसे उसके पाकिस्तानी आकाओं ने खालिस्तान की मदद करने के लिए भेजा है। ऑपरेशन से दो दिन पहले रिक्शा-चालक ने स्वर्ण मंदिर में प्रवेश किया और तीर्थस्थल के अंदर उग्रवादियों की वास्तविक ताकत और स्थिति सहित महत्त्वपूर्ण जानकारियों के साथ लौटा। वह कोई और नहीं, बल्कि अंडरकवर अजीत डोभाल थे। जब अंतिम हमला हुआ तो युवा पुलिस अधिकारी हरमंदिर साहिब के अंदर था, जो सुरक्षा बलों को तलाशी और फ्लश अभियान चलाने के लिए आवश्यक जानकारियाँ दे रहा था।

उनकी भेदी निगाह और रहस्यमयी मुसकान हमेशा के लिए मेरी स्मृति में अंकित हो गई है। जोखिम अधिक था, लेकिन हमारे सुरक्षा बलों को डोभाल से हमले का खाका मिला। उनके द्वारा नक्शे, ताकत, हथियार और उग्रवादियों के छिपे हुए स्थान जैसे विवरण दिए गए थे।

इस ऑपरेशन के बाद डोभाल से मिले एक खुफिया अधिकारी बताते हैं, "उनकी भेदी निगाह और रहस्यमयी मुसकान हमेशा के लिए मेरी स्मृति में अंकित हो गई है। जोखिम अधिक था, लेकिन हमारे सुरक्षा बलों को डोभाल से हमले का खाका मिला। उनके द्वारा नक्शे, ताकत, हथियार और उग्रवादियों के छिपे हुए स्थान जैसे विवरण दिए गए थे। आई.बी. ने अनगिनत लोगों की जानें बचाने और मंदिर को अधिक नुकसान होने से बचाने के लिए एन.एस.जी. को सूचना दी।"

डोभाल ने पाकिस्तान व ब्रिटेन में राजनयिक जिम्मेदारियाँ भी

सँभालीं और फिर, करीब एक दशक तक खुफिया ब्यूरो की ऑपरेशन शाखा का नेतृत्व किया।

उनसे पहले कोई भी जासूस इतना सक्षम नहीं रहा कि वह दुश्मन के इलाके के अंदर तक सावधानीपूर्वक कल्पित आतंकवाद-रोधी अभियान चला सके। उन्होंने व्यक्तिगत रूप से एजेंटों को अशांत कश्मीर में विद्रोही ठिकाने की पूरी टोह लेने की खतरनाक कला में प्रशिक्षित किया, जो जीवन और स्वतंत्रता के लिए बहुत बड़ा जोखिम है। उन्होंने दशकों से पूर्वोत्तर के विश्वासघाती इलाके में संदिग्ध उग्रवादियों को ट्रैक करने, पंजाब में उग्रवादी संगठनों में घुसपैठ करने, खतरनाक उग्रवाद-विरोधी अभियानों का संचालन करने और सबसे महत्त्वपूर्ण बात यह है कि हजारों मील दूर काम कर रहे भारत के खुफिया कर्मियों के लिए पिता के रूप में कार्य किया है।

> *उनसे पहले कोई भी जासूस इतना सक्षम नहीं रहा कि वह दुश्मन के इलाके के अंदर तक सावधानीपूर्वक कल्पित आतंकवाद-रोधी अभियान चला सके। उन्होंने व्यक्तिगत रूप से एजेंटों को अशांत कश्मीर में विद्रोही ठिकाने की पूरी टोह लेने की खतरनाक कला में प्रशिक्षित किया…*

नॉर्थ ब्लॉक में एक बाबू की तरह सुरक्षित रूप से जीवन बिताने के बजाय एक ऑपरेटिव के रूप में अपने सुनहरे दिनों में डोभाल ने खतरों से खेलना चुना। वे एक रोमांचक जीवन के साधक रहे। वयोवृद्ध खुफिया विश्लेषकों का मानना है कि 'डोभाल प्रभाव' पाकिस्तान और चीन के प्रति पी.एम.ओ. की आक्रामक विदेश नीति को भी प्रभावित करता है।

इसी तरह, मिजोरम में '80 के दशक में उनके अभियानों में

महत्त्वपूर्ण विद्रोही नेताओं के आत्मसमर्पण को खत्म करने और उन्हें प्रभावित करने में अभूतपूर्व सफलता प्राप्त की। डोभाल की रणनीति विद्रोहियों पर कड़ी काररवाई करने के लिए जमीन पर एजेंटों से मिली जानकारी का इस्तेमाल करना था; जबकि कट्टर देशद्रोहियों के खिलाफ गुप्त ऑपरेशन किए गए थे। डोभाल के अधीन काम करनेवाले एक खुफिया अधिकारी ने फील्ड ऑपरेशन में लगे भरोसेमंद एजेंटों के प्रति अपनी अनौपचारिक शैली का वर्णन किया है। उन्हें अपनी भूमिकाओं को 'जीने' के लिए प्रोत्साहित किया गया और बिना किसी प्रश्न के पूछे जाने पर वे वैसे भी कपड़े पहने काम पर आ सकते थे, जो उन्हें पसंद थे।

> ***अधिकारी याद करते हैं, हमें बाबुओं की तरह कपड़े पहनने की जरूरत नहीं थी। ऑपरेटिव कुरता-पाजामा और लुंगी में सैंडल पहनकर आएँगे। जो कोई भी दुश्मन के इलाके में एक सेशन की तैयारी कर रहा था, उसे 'भूमिका में आने के लिए' दाढ़ी बढ़ाने की अनुमति थी।***

अधिकारी याद करते हैं, हमें बाबुओं की तरह कपड़े पहनने की जरूरत नहीं थी। ऑपरेटिव कुरता-पाजामा और लुंगी में सैंडल पहनकर आएँगे। जो कोई भी दुश्मन के इलाके में एक सेशन की तैयारी कर रहा था, उसे 'भूमिका में आने के लिए' दाढ़ी बढ़ाने की अनुमति थी। अन्य उर्दू व अरबी सीखने के लिए मौलवियों को रख सकते थे। अपने कवर के हिस्से के रूप में कुछ एजेंटों ने जूते बनाना सीखने में दिन बिताए और बाद में विदेशों सहित लक्षित क्षेत्रों में मोची के रूप में काम किया। "डोभाल साहब खुद उर्दू के विशेषज्ञ हैं।" अधिकारी गर्व से कहते हैं।

कश्मीर में भी डोभाल ने उल्लेखनीय काम किया और आतंकवादी

संगठनों में घुसपैठ कर ली थी। उन्होंने आतंकवादियों को ही शांति–रक्षक बनाकर आतंकवाद की धारा को मोड़ दिया था। उन्होंने एक प्रमुख भारत–विरोधी आतंकवादी कूका परे को अपना सबसे बड़ा भेदिया बना लिया था।

'90 के दशक में खूँखार कश्मीरी आतंकवादी कूका परे का आत्मसमर्पण अजीत डोभाल के लिए एक विलक्षण अवसर था। उनका कौशल ऐसा था कि मनोवैज्ञानिक प्रोफाइल से लैस वे ब्रेनवॉश करने और कूका परे एवं उसके गिरोह को विद्रोही बनने के लिए राजी करने में सक्षम थे।

'90 के दशक में खूँखार कश्मीरी आतंकवादी कूका परे का आत्मसमर्पण अजीत डोभाल के लिए एक विलक्षण अवसर था। उनका कौशल ऐसा था कि मनोवैज्ञानिक प्रोफाइल से लैस वे ब्रेनवॉश करने और कूका परे एवं उसके गिरोह को विद्रोही बनने के लिए राजी करने में सक्षम थे।

"वे 1990 के दशक में किसी समय कूका परे से मिले और उसे सरकार की मदद करने के लिए प्रेरित किया।" एक सेवारत खुफिया ऑपरेटिव ने स्वीकार किया, जिसने एक युवा के रूप में कश्मीर में काररवाई देखी थी, और अधिक विवरण देने से इनकार कर दिया। कूका परे और उसके संगठन इखवान–उल–मुसलमून ने भारतीय सेना की मदद से घाटी में शीर्ष आतंकवादी कमांडरों को मार गिराया।

अधिकारी का कहना है कि तब 'नई दिल्ली' निश्चित नहीं था कि जटिल राजनीतिक स्थिति से अवगत होने के कारण, डोभाल सफल होंगे; लेकिन तख्तापलट ने उन्हें एजेंसी के भीतर उनके कट्टर आलोचकों

का भी सम्मान दिलाया, जो पाकिस्तान द्वारा प्रायोजित आतंकी संगठनों के साथ शांति नीति की वकालत कर रहे थे। मनोवैज्ञानिक युद्ध के उस्ताद, कश्मीर में कई मिथकीय कारनामों में डोभाल की भूमिका एक क्रूर जासूस से एक मास्टर रणनीतिकार तक फैली, जिनके द्वारा यासीन मलिक, शब्बीर शाह, मौलवी फारूक और यहाँ तक कि पाक-समर्थक एस.ए.एस. सहित विभिन्न अलगाववादियों को वार्त्ता की मेज पर लाया गया।

खुफिया एजेंट स्वीकार करते हैं कि हालाँकि, भारत के जॉर्ज स्माइली ने सन् 2005 में अपने पद से इस्तीफा दे दिया था, फिर भी वे अनौपचारिक रूप से इस क्षेत्र में गुप्त मिशनों का निर्देशन कर रहे थे। अगस्त 2005 की एक विकिलीक्स केबल ने सुझाव दिया था कि डोभाल ने दाऊद को बाहर निकालने के लिए असफल आई.बी. ऑपरेशन की योजना बनाई थी"

खुफिया एजेंट स्वीकार करते हैं कि हालाँकि, भारत के जॉर्ज स्माइली ने सन् 2005 में अपने पद से इस्तीफा दे दिया था, फिर भी वे अनौपचारिक रूप से इस क्षेत्र में गुप्त मिशनों का निर्देशन कर रहे थे। अगस्त 2005 की एक विकिलीक्स केबल ने सुझाव दिया था कि डोभाल ने दाऊद को बाहर निकालने के लिए असफल आई.बी. ऑपरेशन की योजना बनाई थी, जो मुंबई पुलिस में स्थित दाऊद के लोगों द्वारा उसे बताए जाने के बाद वह भाग निकला था। एक खुफिया अधिकारी ने बताया, "दाऊद के पाकिस्तान में अपना अड्डा बदलने की खबरें विश्वसनीय लगती हैं, क्योंकि अजीत डोभाल एक दशक से अधिक समय से उसका पीछा कर रहे हैं।"

डोभाल की नई रणनीति

- शासन द्वारा व्यवस्थित रूप से नष्ट किए गए सुरक्षा एवं खुफिया तंत्र के बीच समन्वय को मजबूत करना, पुनरुज्जीवित करना और सुनिश्चित करना।
- सीमा पार आतंकवाद से निपटने के लिए नौकरशाही व्यवस्था द्वारा कमजोर सुरक्षा एजेंसियों के अधिकार को अधिकतम करना।
- शरण देने के लिए जानेवाले पाकिस्तान और अन्य पड़ोसी देशों से निपटने के लिए एक सुदृढ़ नीति तैयार करना।
- जिला स्तर एवं स्थानीय स्तर पर मानव बुद्धि की पैठ को मजबूत करना और सुनिश्चित करना।
- खुफिया व्यवस्था के एकीकरण के लिए राष्ट्रीय खुफिया ग्रिड बनाना।
- नक्सल-विरोधी नीति विकसित करना।
- सुनिश्चित करना कि निर्दोषों की पूरी सुरक्षा हो और जेल में बंद लोगों के मामले शीघ्र निबटें।

□

अनिल धस्माना

31 जनवरी, 2017 से 29 जून, 2019 तक खुफिया एजेंसी 'रॉ' की कमान सँभालनेवाले तेज-तर्रार खुफिया अधिकारी अनिल धस्माना उत्तराखंड के एक साधारण परिवार से संबंध रखते हैं। अनिल धस्माना का बचपन शहर की चकाचौंध से दूर पहाड़ के एक दूर-दराज के गाँव में बीता। देश की खुफिया एजेंसी के प्रमुख के रूप में जब उनका नाम सामने आया तो उत्तराखंड के साथ-साथ उनके गाँव में भी खुशी की लहर दौड़ गई।

ऋषिकेश से 70 कि.मी. दूर भागीरथी व अलकनंदा के संगम देवप्रयाग से उनके गाँव का रास्ता शुरू होता है। देवप्रयाग से उनका तोली गाँव लगभग 50 कि.मी. दूर है। इसी गाँव में उनका जन्म 2 अक्तूबर, 1957 को हुआ। अनिल धस्माना की चाची और उनका परिवार आज भी तोली गाँव में ही रहता है। सबको अपने इस गुदड़ी के लाल पर गर्व है।

चाची भानुमति का कहना है कि बचपन में अनिल उनके साथ जंगल में घास व पानी लेने जाते थे। साथ ही, घर के सारे कामों में अपनी दादी का हाथ बँटाया करते थे। अनिल धस्माना का बचपन गाँव में काफी कठिनाइयों से गुजरा। चार भाई और तीन बहनों में अनिल सबसे बड़े

थे। शुरुआती जिंदगी में काफी तंगी और कठिनाइयाँ झेलनेवाले अनिल अपनी मेहनत के बल पर ही आगे बढ़ते रहे। अपने पुश्तैनी मकान के जिस छोटे से कमरे में रहकर उन्होंने पढ़ाई की, आज उसमें उनके चाचा के बेटे एवं उनके बच्चे पढ़ाई करते हैं।

उनके पिता महेशानंद धस्माना सिविल एविएशन विभाग में काम करते थे। चार बेटे और तीन बेटियों के भरे-पूरे परिवार के साथ बाद में वह दिल्ली में सेटल हो गए। उनके स्कूल के साथी महेश धस्माना के अनुसार, अनिल का अपनी पढ़ाई की गंभीरता और लक्ष्य के प्रति समर्पण न केवल उनके अन्य भाइयों के लिए प्रेरणा था, बल्कि पूरा गाँव उनका कायल था। वे बहुत ही सीधे स्वभाव के और काफी मिलनसार हैं। गाँव में होनेवाले शादी-ब्याह जैसे समारोह के अलावा कुल देवता की पूजा में वे अवश्य शामिल होते हैं। उनके चचेरे भाई राजेंद्र धस्माना ने बताया कि अनिल श्रीताड़केश्वर धाम तो हर वर्ष आते हैं। वह तोली गाँव भी आते रहे हैं।

आठवीं कक्षा तक की पढ़ाई गाँव के पास ही दुधारखाल से पास करने के बाद अनिल की बाकी की शिक्षा-दीक्षा दिल्ली में हुई और उसके बाद उन्होंने पीछे मुड़कर नहीं देखा। उनके एक शिक्षक ने बताया कि वे बचपन से ही विलक्षण प्रतिभा के धनी थे।

आठवीं कक्षा तक की पढ़ाई गाँव के पास ही दुधारखाल से पास करने के बाद अनिल की बाकी की शिक्षा-दीक्षा दिल्ली में हुई और उसके बाद उन्होंने पीछे मुड़कर नहीं देखा। उनके एक शिक्षक ने बताया कि वे बचपन से ही विलक्षण प्रतिभा के धनी थे। जब वे तीसरी कक्षा में पढ़ते थे, तब जिला शिक्षा अधिकारी के सामने उन्होंने एक शानदार

भाषण दिया, जिसके लिए उन्हें 300 रुपए की छात्रवृत्ति मिली।

दिल्ली में घर में एकाग्रता का माहौल न मिलने पर वे अकसर लोधी पार्क में लैंप पोस्ट के नीचे जाकर बैठ जाते थे। वहीं बैठकर उन्होंने कंपटीशन की तैयारियाँ कीं। उसी का नतीजा था कि सन् 1981 में उनका आई.पी.एस. में चयन हुआ।

उसके बाद अनिल धस्माना मध्य प्रदेश पुलिस में कई पदों पर रहे और फिर 'रॉ' में शामिल हो गए। उनके नेतृत्व में ही बालाकोट सर्जिकल स्ट्राइक का पूरा प्लान और ऑपरेशन अंजाम दिया गया था।

लंबे समय तक 'रॉ' में काम कर चुके धस्माना को बलूचिस्तान, आतंकवाद-विरोधी अभियान और इसलामी मामलों का विशेषज्ञ माना जाता है। उन्हें पाकिस्तान और अफगानिस्तान पर भी व्यापक अनुभव है। वह लंबे समय तक पाकिस्तान के फील्ड ऑपरेशंस का नेतृत्व करते रहे। इसके अलावा, उन्होंने सीमा सुरक्षा से जुड़े मामलों पर भी पैनी नजर रखी।

लंबे समय तक 'रॉ' में काम कर चुके धस्माना को बलूचिस्तान, आतंकवाद-विरोधी अभियान और इसलामी मामलों का विशेषज्ञ माना जाता है। उन्हें पाकिस्तान और अफगानिस्तान पर भी व्यापक अनुभव है। वह लंबे समय तक पाकिस्तान के फील्ड ऑपरेशंस का नेतृत्व करते रहे। इसके अलावा, उन्होंने सीमा सुरक्षा से जुड़े मामलों पर भी पैनी नजर रखी।

उन्होंने लंदन एवं फ्रैंकफर्ट में स्टेशन प्रमुख और सार्क (SAARC) व यूरोप डेस्क के रूप में कार्य किया।

अनिल धस्माना वर्ष 1988 से 1991 तक इंदौर में बतौर एस.पी.

रहे। एक सफल और सख्त एस.पी. के रूप में उनकी छवि आज भी लोगों के मन में ताजा है।

बात सितंबर 1991 की है। उस वक्त शहर में जुए-सट्टे के अवैध धंधों के लिए इंदौर का बंबई बाजार मजबूत गढ़ था। उस दौरान धस्माना के नेतृत्व में पुलिस ने वहाँ बड़ी काररवाई कर कुख्यात जुआ किंग बाला बेग का साम्राज्य ध्वस्त कर दिया।

बंबई बाजार में बाला बेग के खौफ और काले कारोबार की कहानी किसी फिल्मी कहानी की तरह है। उसे जाननेवाले लोग बताते हैं कि वह खुद बहुत विनम्र व मीठी जुबान का था, मगर लोगों पर उसके नाम का खौफ छाया रहता था।

बाला बेग के पिता करामत बेग पंजाब के जाने-माने पहलवान थे। एक बार वह कुश्ती लड़ने इंदौर आए। उनसे प्रभावित होकर तत्कालीन होल्कर राजा ने उन्हें इंदौर में बसने के लिए कहा। करामत बेग के तीन पत्नियाँ और दस बेटे थे। बाला उर्फ इकबाल बेग उनकी दूसरी पत्नी का सबसे बड़ा बेटा था।

बाला बेग के पिता करामत बेग पंजाब के जाने-माने पहलवान थे। एक बार वह कुश्ती लड़ने इंदौर आए। उनसे प्रभावित होकर तत्कालीन होल्कर राजा ने उन्हें इंदौर में बसने के लिए कहा। करामत बेग के तीन पत्नियाँ और दस बेटे थे। बाला उर्फ इकबाल बेग उनकी दूसरी पत्नी का सबसे बड़ा बेटा था।

बाला बेग उस समय के बड़े तस्कर हाजी मस्तान का सबसे भरोसेमंद साथी था। कुछ लोग यह मानते हैं कि वह मध्य प्रदेश में हाजी मस्तान का पूरा काम सँभालता था। उस समय बंबई बाजार जुए-सट्टे, शराब और शबाब का केंद्र था। वहाँ के गुंडों के खौफ का आलम यह

था कि शहर के भले लोग वहाँ आने से भी डरते थे।

बंबई बाजार की गलियों में तीन-चार मकानों को मिलाकर बाला बेग ने एक बड़ा अड्डा बना लिया था। उसके तलघर में दिन-रात जुए का अड्डा चलता था। उस समय सी.सी.टी.वी. कैमरे नहीं थे; लेकिन वह मकान इस तरह से बनाया गया था कि जैसे ही पुलिस गली में पहुँचती, वैसे ही उनके लोग जुआ खेलनेवालों को तितर-बितर कर देते थे।

मकान भी भूलभुलैया की तरह था। उसमें आने-जाने के कई छुपे हुए रास्ते थे। कहीं किसी तसवीर के पीछे रास्ता था तो कहीं सीढ़ियों के नीचे रास्ता छुपा था। जब भी पुलिस वहाँ छापा मारती, तब सबसे पहले बेग परिवार या आसपास की महिलाएँ उनका रास्ता रोक लेतीं। जब तक पुलिस उनसे निपटती, तब तक अड्डे से सारे लोग भगा दिए जाते थे।

मकान भी भूलभुलैया की तरह था। उसमें आने-जाने के कई छुपे हुए रास्ते थे। कहीं किसी तसवीर के पीछे रास्ता था तो कहीं सीढ़ियों के नीचे रास्ता छुपा था। जब भी पुलिस वहाँ छापा मारती, तब सबसे पहले बेग परिवार या आसपास की महिलाएँ उनका रास्ता रोक लेतीं। जब तक पुलिस उनसे निपटती, तब तक अड्डे से सारे लोग भगा दिए जाते थे।

1980 और '90 के दशक में बेग परिवार की बड़ी धाक थी। उस समय बाला बेग को मध्य प्रदेश में मुसलिमों का बड़ा रहनुमा माना जाता था। वर्ष 1989 में बाला बेग ने इंदौर से पूर्व केंद्रीय मंत्री प्रकाश चंद्र सेठी और सुमित्रा महाजन के खिलाफ लोकसभा का चुनाव भी लड़ा था।

जनता दल के उम्मीदवार बाला बेग को चुनाव में करीब 90 हजार

वोट मिले थे। बाला बेग और उसके परिवार का दखल हर पार्टी में था। बाला बेग वी.पी. सिंह के जनता दल में था तो उसका बड़ा सौतेला भाई आरिफ बेग हिंदूवादी पार्टी जन संघ के संस्थापक सदस्यों में एक था। उसका तीसरा भाई अख्तर कांग्रेस में था। वह एम.एफ. हुसैन के हाथ काटनेवाले व्यक्ति को 1 करोड़ रुपए का इनाम देने की घोषणा कर चर्चा में आया था।

बाला का एक अन्य भाई जफर हाई कोर्ट में एडवोकेट रहा। उसके परिवार से जुड़ा अयाज बेग पार्षद रह चुका है। आरिफ बेग ने सन् 1977 में भोपाल से लोकसभा का चुनाव लड़ा था। उन्होंने कांग्रेस के प्रत्याशी शंकर दयाल शर्मा को हराया था। आरिफ बेग को भाजपा का मुसलिम चेहरा माना जाता था। वे केंद्रीय मंत्री भी रहे।

बाला का एक अन्य भाई जफर हाई कोर्ट में एडवोकेट रहा। उसके परिवार से जुड़ा अयाज बेग पार्षद रह चुका है। आरिफ बेग ने सन् 1977 में भोपाल से लोकसभा का चुनाव लड़ा था। उन्होंने कांग्रेस के प्रत्याशी शंकर दयाल शर्मा को हराया था। आरिफ बेग को भाजपा का मुसलिम चेहरा माना जाता था। वे केंद्रीय मंत्री भी रहे।

सितंबर 1991 में एक मामले में तनाव को देखते हुए बंबई बाजार में पुलिस बल तैनात था, तब कुछ लोगों ने बंबई बाजार स्थित पुलिस चौकी पलट दी थी। इस घटना से पुलिस व प्रशासन हिल गया और बवाल मच गया। तत्कालीन एस.पी. अनिल धस्माना सदल-बल वहाँ पहुँचे तो बाला बेग के मकान के ऊपर से महिलाओं ने पुलिसकर्मियों पर पत्थर फेंकने शुरू कर दिए।

इसी बीच, वहाँ स्थित एक ऊँची बिल्डिंग से किसी ने एस.पी.

धस्माना को मारने के लिए सिल-बट्टा फेंका। उन्हें बचाने के लिए साथ चल रहे उनके अंगरक्षक (गनमैन) छेदीलाल दुबे ने उन्हें धक्का दे दिया था।

एस.पी. पर फेंका गया पत्थर का सिल-बट्टा अंगरक्षक दुबे पर जा गिरा। सिर पर गंभीर चोट लगने के कारण इलाज के दौरान ही दुबे की मौत हो गई थी। यह घटना शहर में जंगल की आग की तरह फैल गई। तत्कालीन मुख्यमंत्री सुंदरलाल पटवा ने बाला बेग पर सख्ती करते हुए उसके सभी गैर-कानूनी अड्डे खत्म करने के आदेश दिए।

एस.पी. पर फेंका गया पत्थर का सिल-बट्टा अंगरक्षक दुबे पर जा गिरा। सिर पर गंभीर चोट लगने के कारण इलाज के दौरान ही दुबे की मौत हो गई थी। यह घटना शहर में जंगल की आग की तरह फैल गई।

गनमैन दुबे की मौत के बाद धस्माना ने 'ऑपरेशन बंबई बाजार' शुरू किया। उन्होंने भारी पुलिस फोर्स के साथ पहले पूरे बंबई बाजार को चारों ओर से घेरा और जुए-सट्टे संचालित करनेवालों को घरों में घुसकर दबोचना शुरू कर दिया।

इस ऐतिहासिक काररवाई में बेग परिवार के सारे अड्डों को नेस्तनाबूद कर उनके अतिक्रमण किए गए अड्डों को भी तुड़वा दिया गया और अपराध के गढ़ को ध्वस्त कर दिया गया। धस्माना ने खुद बाला बेग के घर का दरवाजा तोड़कर उसे पकड़ा था।

□

अशोक चतुर्वेदी

अशोक चतुर्वेदी, आई.पी.एस. 1 फरवरी, 2007 से 31 जनवरी, 2009 तक भारत की विदेशी खुफिया एजेंसी रिसर्च एंड एनालिसिस विंग (RAW) के प्रमुख रहे। चतुर्वेदी मध्य प्रदेश कैडर से वर्ष 1970 बैच के अधिकारी के रूप में भारतीय पुलिस सेवा (आई. पी.एस.) में शामिल हुए। चतुर्वेदी ने बँगलादेश और नेपाल के विश्लेषक के अलावा जम्मू व कश्मीर, यूनाइटेड किंगडम तथा कनाडा में भी काम किया।

अपने पूर्ववर्तियों के विपरीत, जो पाकिस्तान या चीन में विशेषज्ञता रखते थे, चतुर्वेदी भारत की खुफिया एजेंसी के पहले प्रमुख थे, जिनकी विशेषज्ञता का क्षेत्र नेपाल रहा; हालाँकि, दिसंबर 2007 में 'रॉ' प्रमुख को एक और शर्मनाक विवाद का सामना करना पड़ा, जब 'नेपाल वीकली' पत्रिका ने खुलासा किया कि 'रॉ' नेपाल की आंतरिक राजनीतिक गतिशीलता में हस्तक्षेप करने की कोशिश कर रहा था। पत्रिका ने नेपाल की राजधानी काठमांडू में भारतीय दूतावास में काम करनेवाले विभिन्न 'रॉ' एजेंटों के नामों का भी खुलासा किया।

नेपाली अखबार ने दिसंबर 2007 में अशोक चतुर्वेदी की नेपाल यात्रा की विस्तृत यात्रा योजनाओं का ब्योरा भी दिया, जिसमें उसने यह

भी बताया कि वह किस एयरलाइंस से आए थे और किस होटल में रुके थे।

आरोप लगा कि अशोक चतुर्वेदी ने गिरिजा प्रसाद कोइराला की अंतरिम सरकार को एक जल-विद्युत् परियोजना के लिए एक भारतीय फर्म को अनुबंध देने के लिए मजबूर किया। यह भी आरोप लगाया गया कि चतुर्वेदी को सौदे से व्यक्तिगत रूप से आर्थिक रूप से लाभ हुआ होगा। भारत में सवाल उठाए गए कि एक भारतीय खुफिया एजेंसी का प्रमुख नेपाल में एक वाणिज्यिक कंपनी का प्रचार क्यों कर रहा था!

आरोप लगा कि अशोक चतुर्वेदी ने गिरिजा प्रसाद कोइराला की अंतरिम सरकार को एक जल-विद्युत् परियोजना के लिए एक भारतीय फर्म को अनुबंध देने के लिए मजबूर किया। यह भी आरोप लगाया गया कि चतुर्वेदी को सौदे से व्यक्तिगत रूप से आर्थिक रूप से लाभ हुआ होगा।

इन घटनाओं का समय भारत और नेपाल के बीच बिगड़ते संबंधों के साथ मेल खाता था। नेपाल की विदेश मंत्री सहाना प्रधान ने भारत को आड़े हाथों लेते हुए काठमांडू आनेवाले एक उच्च स्तरीय चीनी प्रतिनिधिमंडल से नेपाल में तिब्बत रेल का विस्तार करने का अनुरोध किया। यही नहीं, उन्होंने भारत-नेपाल सीमा पर एक प्रस्तावित भारतीय राजमार्ग के निर्माण का भी विरोध किया।

नेपाल के 'टेलीग्राफ वीकली' ने टिप्पणी की कि 'नेपाल के मामलों में 'रॉ' को लगातार पराजय का सामना करना पड़ रहा है। यह अत्यधिक संभावना है कि नेपाल में अपनी खोई हुई जमीन को वापस पाने के लिए 'रॉ' मशीनरी नए तरीके से आएगी।'

कई महत्त्वपूर्ण बैठकों में चतुर्वेदी यह नहीं जानते थे कि वे वास्तव में किससे मिल रहे हैं। एक विशेष अवसर पर, संयुक्त राज्य प्रशांत कमांड के कमांडर टिमोथी जे. कीटिंग ने अगस्त 2007 में भारत की आधिकारिक यात्रा की और अशोक चतुर्वेदी सहित कई वरिष्ठ भारतीय रक्षा एवं खुफिया प्रमुखों से मुलाकात की; हालाँकि, चतुर्वेदी को कीटिंग के बारे में नहीं पता था और वह उन्हें जॉन नेग्रोपोंटे, यू.एस. उप-विदेश मंत्री के रूप में संदर्भित करते रहे।

अशोक चतुर्वेदी ने पाकिस्तान में किसी बड़े बदलाव की उम्मीद न करते हुए परिस्थितियों में किसी अप्रत्याशित बदलाव के लिए तैयार रहने की जरूरत महसूस नहीं की। लेकिन 3 नवंबर, 2007 को मुशर्रफ ने संविधान को निलंबित कर दिया और आपातकाल की घोषणा कर दी।

दिसंबर 2007 में 'रॉ' की एक और बड़ी विफलता उजागर हुई। यह पाकिस्तान के राष्ट्रपति परवेज मुशर्रफ द्वारा घोषित आपातकाल की स्थिति के संबंध में थी। मुशर्रफ द्वारा आपातकाल घोषित करने से कुछ दिनों पहले चतुर्वेदी ने भारत के प्रधानमंत्री मनमोहन सिंह को सलाह दी थी कि पाकिस्तान में स्थिति सामान्य है और मुशर्रफ द्वारा मार्शल लॉ की घोषणा करने की कोई संभावना नहीं है।

अशोक चतुर्वेदी ने पाकिस्तान में किसी बड़े बदलाव की उम्मीद न करते हुए परिस्थितियों में किसी अप्रत्याशित बदलाव के लिए तैयार रहने की जरूरत महसूस नहीं की। लेकिन 3 नवंबर, 2007 को मुशर्रफ ने संविधान को निलंबित कर दिया और आपातकाल की घोषणा कर दी। नई दिल्ली पूरी तरह से चौकस हो गई और भारतीय प्रधानमंत्री जाहिर तौर पर 'उद्वेलित' हो गए।

एक अन्य प्रकरण में, जनवरी में चीन की यात्रा पर जाने से पहले भारतीय प्रधानमंत्री मनमोहन सिंह ने अशोक चतुर्वेदी से चीन में वर्तमान केंद्रीय नेतृत्व को लेकर उनके दृष्टिकोण के बारे में जानकारी माँगी। 'रॉ' के भीतर चीन अनुभाग को कार्य सौंपने के बजाय चतुर्वेदी ने अपनी स्वयं की रिपोर्ट को एक साथ रखने का प्रयास किया, जिसमें क्रमशः पूर्व राष्ट्रपति एवं प्रधानमंत्री जियांग जेमिन और झू रोंगजी के बारे में बात की गई थी। दोनों वर्ष 2003 में सेवानिवृत्त हुए थे।

चतुर्वेदी के कार्यकाल के दौरान बार-बार अक्षमता एवं घोटालों की घटनाओं तथा खुफिया एजेंसी की निरंतर गिरावट के कारण भारतीय और विदेशी प्रेस द्वारा यह बताया गया था कि 'रॉ' प्रमुख को उनके पद से हटा दिया जाएगा, जो पहले कभी नहीं हुआ। यह बताया गया था कि चतुर्वेदी की वजह से कई पश्चिमी खुफिया एजेंसियाँ 'रॉ' के शीर्ष अधिकारियों के साथ वर्गीकृत जानकारी साझा करने के लिए अनिच्छुक थीं। परिणामस्वरूप प्रधानमंत्री मनमोहन सिंह और उनके सचिवालय के अन्य वरिष्ठ अधिकारी उनसे नाखुश थे।

चतुर्वेदी के कार्यकाल के दौरान बार-बार अक्षमता एवं घोटालों की घटनाओं तथा खुफिया एजेंसी की निरंतर गिरावट के कारण भारतीय और विदेशी प्रेस द्वारा यह बताया गया था कि 'रॉ' प्रमुख को उनके पद से हटा दिया जाएगा, जो पहले कभी नहीं हुआ।

'मिडिल ईस्ट टाइम्स' ने खुलासा किया कि वर्ष 2008 की शुरुआत में एक बंद कमरे में हुई बैठक, जिसमें भारत के सभी खुफिया प्रमुख एवं सैन्य प्रमुख मौजूद थे, में अशोक चतुर्वेदी से देश के सामने आनेवाली सुरक्षा चुनौतियों पर उनकी राय माँगी गई थी। 'रॉ' प्रमुख ने तंबाकू चबाते

हुए और असंगत-से लगते अपने विचार प्रस्तुत किए। आई.बी. प्रमुख एम.के. नारायणन ने उन्हें अपना मुँह साफ करने के लिए कहा; लेकिन चतुर्वेदी ने अपना विश्लेषण जारी रखा।

घोर अक्षमता के आधार पर उन्हें बरखास्त करने का दबाव प्रधानमंत्री मनमोहन सिंह तक पहुँच गया था, जिन्होंने सत्ताधारी कांग्रेस पार्टी के वरिष्ठ नेताओं के समर्थन से चतुर्वेदी को चुपचाप हटाने को अपनी स्वीकृति दे दी थी।

चतुर्वेदी ने कांग्रेस की तत्कालीन अध्यक्ष सोनिया गांधी से अपनी नौकरी बचाने के लिए सीधी व्यक्तिगत अपील की और दावा किया कि उनका स्वास्थ्य ठीक नहीं है तथा उन्हें उनकी शेष सेवा अवधि को पूरा करने की अनुमति दी जानी चाहिए।

चतुर्वेदी ने कांग्रेस की तत्कालीन अध्यक्ष सोनिया गांधी से अपनी नौकरी बचाने के लिए सीधी व्यक्तिगत अपील की और दावा किया कि उनका स्वास्थ्य ठीक नहीं है तथा उन्हें उनकी शेष सेवा अवधि को पूरा करने की अनुमति दी जानी चाहिए।

सोनिया गांधी ने समीक्षा के लिए अपनी सिफारिश के साथ एम.के. नारायणन को निर्णय की जिम्मेदारी सौंपी। नारायणन ने चतुर्वेदी को राहत देते हुए कोई भी निर्णय लेने को टाल दिया। 'रॉ' के पूर्व प्रमुख एवं संजीव त्रिपाठी के ससुर जी.एस. बाजपेयी ने भी हस्तक्षेप किया और मामले में चतुर्वेदी को रखने का अनुरोध किया, जब ऐसा लग रहा था कि उन्हें बरखास्त कर दिया जाएगा। प्रधानमंत्री कार्यालय के सूत्रों का हवाला देते हुए 'मिडिल ईस्ट टाइम्स' ने दावा किया कि "कांग्रेस पार्टी चिंतित थी कि अगर चतुर्वेदी को बरखास्त कर दिया गया तो वह यह स्वीकार करने का संकेत होगा कि उन्होंने गलती की थी।"

अशोक चतुर्वेदी की सेवानिवृत्ति के बाद उनके एवं उनकी पत्नी के लिए एक राजनयिक पासपोर्ट जारी किया गया, और वह भारत सरकार के धन का उपयोग अपनी निजी अंतरराष्ट्रीय यात्राओं के लिए कर सकते थे।

लेकिन केवल ग्रेड 'ए' के राजदूत—आमतौर पर यू.के. और यू.एस. जैसे प्रमुख देशों में तैनात आई.एफ.एस. (भारतीय विदेश सेवा) अधिकारी को सेवानिवृत्ति के बाद राजनयिक पासपोर्ट रखने की अनुमति है। जो उस नियम में फिट नहीं होते, वे आम नागरिकों को जारी किए गए पासपोर्ट रखते हैं। वास्तव में, सभी पूर्व 'रॉ' प्रमुखों ने पुष्टि की कि "उन्होंने सेवानिवृत्त होने के दिन अपने राजनयिक पासपोर्ट समर्पित कर दिए थे और उनके जीवनसाथी सेवा में रहते हुए भी राजनयिक पासपोर्ट के हकदार नहीं थे।"

अशोक चतुर्वेदी की सेवानिवृत्ति के बाद उनके एवं उनकी पत्नी के लिए एक राजनयिक पासपोर्ट जारी किया गया, और वह भारत सरकार के धन का उपयोग अपनी निजी अंतरराष्ट्रीय यात्राओं के लिए कर सकते थे।

अशोक चतुर्वेदी के साथ और भी कई विवाद जुड़े रहे। कहा जाता है कि एक बार वे बगैर सूचना दिए आठ महीने के लिए अनधिकृत रूप से नौकरी से 'गायब' हो गए।

18 सितंबर, 2011 को 64 वर्ष की आयु में उनका निधन हो गया।

□

आर.एन. काव

'रॉ' और एन.एस.जी.—दोनों की स्थापना में आर.एन. काव की महत्त्वपूर्ण भूमिका रही। काव ने 'रॉ' को एक पेशेवर खुफिया संगठन के रूप में स्थापित किया। 'रॉ' के गठन के 3 वर्ष के भीतर भारतीय उपमहाद्वीप के रणनीतिक चेहरे को बदलने में उन्होंने एक महत्त्वपूर्ण भूमिका निभाई।

सन् 1962 के भारत-चीन युद्ध और 1965 के 'ऑपरेशन जिब्राल्टर' की खुफिया जानकारी जुटाने में विफलता के बाद भारतीय राजनीति ने सैन्य उद्देश्यों के लिए खुफिया जानकारी इकट्ठा करने के लिए एक अलग संगठन स्थापित करने की तीव्र आवश्यकता महसूस की। 'ऑपरेशन जिब्राल्टर' अगस्त 1965 में जम्मू व कश्मीर के विवादित क्षेत्र में पाकिस्तानी सेना द्वारा नियोजित और निष्पादित एक सैन्य अभियान का कोड नेम था। आर.एन. काव को स्वयं जवाहरलाल नेहरू ने चुना, जो वर्षों से उनके निजी सुरक्षा प्रमुख थे।

सन् 1968 में तत्कालीन प्रधानमंत्री इंदिरा गांधी ने रिसर्च एंड एनालिसिस विंग (RAW) बनाने के लिए इंटेलिजेंस ब्यूरो (आई.बी.) को विभाजित कर दिया। आर.एन. काव के साथ उनके 250 चुने हुए सहयोगियों और आई.बी. के डी.जी. (सुरक्षा) को नई एजेंसी में स्थानांतरित

कर दिया गया। अब आई.बी. को घरेलू खुफिया जानकारियाँ इकट्ठा करने में लगाया गया और रिसर्च एंड एनालिसिस विंग (RAW) को भारत की प्राथमिक विदेशी खुफिया एजेंसी के रूप में मनोनीत किया गया। काव को कैबिनेट सचिवालय में अतिरिक्त सचिव (अनुसंधान) के पद के साथ नए संगठन प्रमुख के रूप में चुना गया। बाद में उन्हें सचिव के रूप में पदोन्नत किया गया। उन्होंने अगले 9 वर्ष संगठन प्रमुख के रूप में बिताए।

इस प्रकार, 'रॉ' का आविर्भाव वर्ष 1968 में इंदिरा गांधी के शासनकाल में संपन्न हुआ और काव ने 'रॉ' को एक सक्षम व आक्रामक विदेशी खुफिया एजेंसी के रूप में स्थापित किया।

सन् 1971 के भारत-पाक युद्ध में भारत की जीत में उनका महत्त्वपूर्ण योगदान माना जाता है। पाकिस्तान द्वारा 'ऑपरेशन सर्चलाइट' शुरू करने के बाद 'रॉ' ने युद्ध के प्रारंभिक चरणों के दौरान मुक्तिवाहिनी को हथियार एवं प्रशिक्षण सहायता प्रदान की और पाक के विखंडन तथा बँगलादेश के निर्माण में निर्णायक भूमिका निभाई।

आर.एन. काव भारत के अग्रणी खुफिया अधिकारियों में से एक थे। 'रॉ' के गठन में उनकी अहम भूमिका रही। उन्होंने भारत सरकार के कैबिनेट सचिवालय में सचिव (अनुसंधान) का पद सँभाला, जो तब से सभी 'रॉ' के निदेशकों के पास है।

आर.एन. काव भारत के अग्रणी खुफिया अधिकारियों में से एक थे। 'रॉ' के गठन में उनकी अहम भूमिका रही। उन्होंने भारत सरकार के कैबिनेट सचिवालय में सचिव (अनुसंधान) का पद सँभाला, जो तब से सभी 'रॉ' के निदेशकों के पास है।

अपने लंबे कॅरियर के दौरान आर.एन. काव ने भारत के पहले प्रधानमंत्री जवाहरलाल नेहरू की निजी सुरक्षा की जिम्मेदारी सँभाली। वह

राजीव गांधी के सुरक्षा सलाहकार के रूप में भी कार्यरत थे।

एक जासूस के स्वाभाविक गुण के अनुरूप काव एक बेहद लो-प्रोफाइल व्यक्ति रहे। सेवा के दौरान और सेवानिवृत्ति के बाद सार्वजनिक रूप से शायद ही कभी उन्हें देखा गया हो।

रामेश्वर नाथ काव का जन्म 10 मई, 1918 को उत्तर प्रदेश के वाराणसी शहर में एक कश्मीरी हिंदू परिवार में हुआ। वह जब केवल 6 वर्ष के थे, उनके पिता का निधन हो गया। उनके चाचा पं. त्रिलोकी नाथ काव ने उनका पालन-पोषण किया। उन्होंने तत्कालीन बॉम्बे प्रेसीडेंसी के बड़ौदा शहर से सन् 1932 में मैट्रिक और 1934 में इंटरमीडिएट किया तथा 1936 में लखनऊ विश्वविद्यालय से कला स्नातक एवं 1940 में इलाहाबाद विश्वविद्यालय से अंग्रेजी साहित्य में मास्टर्स किया।

एक जासूस के स्वाभाविक गुण के अनुरूप काव एक बेहद लो-प्रोफाइल व्यक्ति रहे। सेवा के दौरान और सेवानिवृत्ति के बाद सार्वजनिक रूप से शायद ही कभी उन्हें देखा गया हो।

पढ़ाई के बाद काव ने कुछ समय तक इलाहाबाद विश्वविद्यालय में अध्यापन का कार्य किया। वर्ष 1940 में उन्होंने सिविल सेवा परीक्षा उत्तीर्ण की और इंडियन इंपीरियल पुलिस में शामिल हो गए। उनकी पहली नौकरी कानपुर में सहायक पुलिस अधीक्षक के रूप में आरंभ हुई। आजादी के बाद 3 जून, 1947 को उन्हें इंटेलिजेंस ब्यूरो (आई.बी.) में प्रतिनियुक्त कर वी.आई.पी. सुरक्षा का प्रभारी बनाया गया।

काव ने अपने कॅरियर के पहले ही मामले में लोगों का ध्यान खींचा। उनका पहला मामला वर्ष 1955 में एक हवाई दुर्घटना का था, जिसमें चीन के तत्कालीन प्रधानमंत्री की जान बाल-बाल बच गई थी। वर्ष

1955 में एयर इंडिया के एक विमान को चीनी सरकार द्वारा चार्टर्ड किया गया था। उस विमान में सवार होकर चीन के प्रधानमंत्री चाउ एन-लाई बांडुंग सम्मेलन में हिस्सा लेने जा रहे थे। आखिरी वक्त में उन्होंने पेट दर्द का हवाला देकर अपनी यात्रा रद्द कर दी। विमान इंडोनेशिया के पास दुर्घटनाग्रस्त हो गया, जिसमें सभी चीनी अधिकारी और पत्रकार मारे गए।

जब इस साजिश का खुलासा करने की जिम्मेदारी आर.एन. काव को दी गई तो उन्होंने कुछ ही दिनों में इसका पर्दाफाश कर दिया और बताया कि साजिशकर्ता ताइवान की खुफिया एजेंसी है। चीन के प्रधानमंत्री इस काम से काफी प्रभावित हुए। उन्होंने काव को अपने कार्यालय में आमंत्रित किया और उन्हें प्रशस्ति-पत्र दिया। काव को मिले इस सम्मान ने उन्हें पूरी दुनिया में प्रसिद्ध कर दिया।

जब इस साजिश का खुलासा करने की जिम्मेदारी आर.एन. काव को दी गई तो उन्होंने कुछ ही दिनों में इसका पर्दाफाश कर दिया और बताया कि साजिशकर्ता ताइवान की खुफिया एजेंसी है।

वर्ष 1950 में काव को तत्कालीन घाना सरकार की मदद के लिए भेजा गया। उन्होंने वहाँ एक खुफिया और सुरक्षा संगठन स्थापित करने में मदद की।

वर्ष 1975 में सिक्किम के बाईसवें राज्य के रूप में भारत में विलय करने का श्रेय भी काव को दिया जाता है। उन्होंने चीन की चाल को पहचानकर भारत को पहले ही इसके लिए चेता दिया था।

वर्ष 1977 का आपातकाल और आर.एन. काव की इंदिरा गांधी से निकटता ने राजनीतिक वर्ग में उनकी भूमिका के बारे में संदेह पैदा किया। लेकिन जब आपातकाल के बाद मोरारजी देसाई की सरकार सत्ता में आई तो काव ने चुपचाप इस्तीफा दे दिया। एक गहन जाँच ने उन्हें एवं 'रॉ' को

सभी दोषों से मुक्त कर दिया और जब इंदिरा गांधी ने वर्ष 1980 में वापसी की तो वे भी लौट आए। उन्होंने इंदिरा गांधी और राजीव गांधी दोनों के सुरक्षा सलाहकार के रूप में काम किया।

1980 के दशक में पंजाब में उग्रवाद और देश के भीतर आतंकवाद का मुकाबला करने के लिए काव ने देश की जरूरतों के अनुरूप राष्ट्रीय सुरक्षा गार्ड (एन.एस.जी.) का गठन किया। 16 अक्तूबर, 1984 को राष्ट्रीय सुरक्षा गार्ड अस्तित्व में आया।

रोमांच और जासूसी के लिए जीवन समर्पित कर देनेवाले काव मित्रों व सहयोगियों के बीच 'रामजी' के नाम से जाने जाते थे। साक्षात्कार, सार्वजनिक बयान, पुस्तक लिखने या फोटो खिंचवाने में उनकी जरा भी रुचि नहीं थी।

रोमांच और जासूसी के लिए जीवन समर्पित कर देनेवाले काव मित्रों व सहयोगियों के बीच 'रामजी' के नाम से जाने जाते थे। साक्षात्कार, सार्वजनिक बयान, पुस्तक लिखने या फोटो खिंचवाने में उनकी जरा भी रुचि नहीं थी। उन्होंने कभी सार्वजनिक बयान नहीं दिया। जब भी उनसे किसी संवेदनशील मुद्दे के बारे में पूछा जाता था तो उनका जवाब होता था, "ये चीजें मेरे साथ अंतिम संस्कार की चिता तक जाएँगी।"

उन्होंने कभी अपनी फोटो खिंचवाने की अनुमति नहीं दी; हालाँकि, दो बार ऐसे अवसर आए, जिन पर काव ने बहुत विरोध जताया।

काव एक धैर्यशील श्रोता थे और प्रत्येक शब्द को ध्यान से सुनते थे। वह फारसी, संस्कृत व उर्दू अच्छी तरह जानते थे और इन सभी भाषाओं को धारा-प्रवाह बोल सकते थे। अपनी बातचीत में वे ज्यादातर उर्दू में लखनवी लहजे में बोलते थे; हालाँकि, वे अच्छी हिंदी व अंग्रेजी भी बोलते थे।

अंतरराष्ट्रीय खुफिया समुदाय में उनकी बड़ी साख थी। फ्रांसीसी विदेशी खुफिया एजेंसी एस.ई.डी.सी.ई. (सर्विस फॉर एक्सटर्नल डॉक्यूमेंटेशन एंड काउंटर-इंटेलिजेंस) के पूर्व प्रमुख काउंट अलेक्जेंड्रे डी मारेंचेस ने काव को 1970 के दशक के पाँच महान् खुफिया प्रमुखों में से एक के रूप में नामित किया था। काव के बारे में उनकी टिप्पणी थी—

"शारीरिक व मानसिक शिष्टता का कितना आकर्षक मिश्रण! प्रचुर उपलब्धियाँ! अनन्य दोस्ती! और फिर भी अपने बारे में, अपनी उपलब्धियों और अपने दोस्तों के बारे में बात करने में शरमीले।"

"शारीरिक व मानसिक शिष्टता का कितना आकर्षक मिश्रण! प्रचुर उपलब्धियाँ! अनन्य दोस्ती! और फिर भी अपने बारे में, अपनी उपलब्धियों और अपने दोस्तों के बारे में बात करने में शरमीले।"

काव के बारे में कहा जाता है कि 'दुनिया भर में उनके निजी गोपनीय संपर्क थे। वह सिर्फ एक फोन कॉल से घटनाओं का रुख मोड़ने में सक्षम थे।'

अपनी मृत्यु से कुछ महीने पहले एक सेवानिवृत्त आई.एफ.एस. अधिकारी के कहने पर उन्होंने अपने संस्मरण रिकॉर्ड किए। टेपों को व्यक्तिगत रूप से सही करने के बाद उन्होंने उन्हें नई दिल्ली के एक प्रतिष्ठित एन.जी.ओ. के पास जमा करवा दिया, जिसके साथ वे निकटता से जुड़े थे। उनकी इच्छा थी कि वे उनकी मृत्यु के 30 वर्ष बाद प्रकाशित हों।

20 जनवरी, 2002 को तड़के 84 वर्ष की आयु में उनका निधन हो गया। उनके परिवार में उनकी पत्नी मालिनी काव और बेटी अचला कौल हैं।

□

कश्मीर सिंह

कश्मीर सिंह कोई साधारण व्यक्ति नहीं थे। भारत के लिए जासूसी करने के आरोप में वह करीब 35 वर्षों तक पाकिस्तान की जेल में कैद रहे। जीवट कश्मीर सिंह ने कैद में यातनाओं के दौरान कभी भी जासूसी करने की बात स्वीकार नहीं की। भारत सरकार ने भी कभी यह स्वीकार नहीं किया कि उन्होंने इस देश के लिए जासूसी की थी।

सन् 2008 में स्वदेश वापस आने पर उनका जोरदार स्वागत किया गया और उन्होंने सभी को चौंका दिया, जब उन्होंने बाद में घोषणा की कि उन्होंने वास्तव में देश के लिए जासूसी की थी। उन्हें मिलिटरी इंटेलिजेंस (एम.आई.) द्वारा प्रशिक्षित एवं तैनात किया गया था।

कश्मीर सिंह ने कहा, "मैं अभी भी अपनी मातृभूमि की सेवा के लिए तैयार हूँ, भले ही वे (भारत सरकार) इस तथ्य को स्वीकार न करें कि मैंने उनके लिए काम किया है। इससे कोई फर्क नहीं पड़ता। मुझे अपने देश की सेवा करने का कोई मलाल नहीं है।"

कश्मीर सिंह के परिवार को उनके काम के बारे में ज्यादा जानकारी नहीं थी, क्योंकि उन्होंने इसके बारे में कभी कोई बात नहीं की थी। बाद में, उनकी पत्नी परमजीत कौर द्वारा पंजाब एवं हरियाणा उच्च न्यायालय में एक प्रमाण-पत्र पेश किया गया, जो सेना मुख्यालय, जालंधर छावनी

से प्राप्त किया गया था, जिसमें केवल यह कहा गया था कि 'श्री कश्मीर सिंह ने जून 1968 से मई 1970 तक सरकार की सेवा की।'

"वह हमें बताते थे कि वह सेना के लिए काम करते हैं और उन्हें अकसर यात्राएँ करनी पड़ती हैं। अगर वे नहीं लौटे तो सेना परिवार की देखभाल करेगी।" वह अकसर मुझे यह आश्वस्त करने के लिए कहा करते थे।" परमजीत कौर याद करती हैं।

"वह हमें बताते थे कि वह सेना के लिए काम करते हैं और उन्हें अकसर यात्राएँ करनी पड़ती हैं। अगर वे नहीं लौटे तो सेना परिवार की देखभाल करेगी।" वह अकसर मुझे यह आश्वस्त करने के लिए कहा करते थे।"

कश्मीर सिंह के अनुसार, "मुझे सीमा पार अपने अधिकांश काम याद हैं। मुझसे आर्मी इंटेलिजेंस के एक रिक्रूटर ने संपर्क किया था। मुझसे पूछा गया था कि क्या मैं पाकिस्तान जाने को तैयार हूँ? मैंने तुरंत प्रस्ताव स्वीकार कर लिया।

"फिर, मुझे जालंधर में तीन महीने का प्रशिक्षण दिया गया, मुख्यत: फोटोग्राफी में। अपने प्रशिक्षण के एक भाग के रूप में मैंने जालंधर छावनी और उसके आसपास तथा अमृतसर में रणनीतिक स्थानों पर तसवीरें क्लिक कीं।

"उर्दू का मेरा ज्ञान एक निश्चित लाभ था। मुझे सैन्य वाहनों और रणनीतिक प्रतिष्ठानों की पहचान करने के लिए भी प्रशिक्षित किया गया। मेरे प्रदर्शन के आधार पर मुझे पाकिस्तान जाने के लिए चुना गया। मुझे एक मुसलिम उपनाम दिया गया था—'मोहम्मद इब्राहिम' और आखिरी काम जो मिलिटरी इंटेलिजेंस (एम.आई.) ने किया, वह था मेरा खतना कराना।"

एम.आई. द्वारा उन्हें हर महीने 480 रुपए का वेतन दिया जाता था; लेकिन इसका कोई रिकॉर्ड न तो उनके पास और न ही परिवार के पास है।

"जब भी मैं पाकिस्तान जाता, मुझे 150 रुपए का दैनिक भत्ता भी दिया जाता था।

"पहली बार जब मैं पाकिस्तान गया, मुझे एक आयातित विदेशी ब्रांड मिनी 22-(रील) फ्रेम कैमरा दिया गया और भरती करनेवाले ने कहा कि मेरा काम सीमा पर स्थानीय सैन्य इकाइयों की संख्या के बारे में जानकारी इकट्ठा करना है। पाकिस्तानी पक्ष और उन इकाइयों द्वारा किए गए कार्य की प्रकृति तथा उन इकाइयों की तसवीरें क्लिक करना मेरे काम का एक महत्त्वपूर्ण हिस्सा था।"

पहली बार जब मैं पाकिस्तान गया, मुझे एक आयातित विदेशी ब्रांड मिनी 22-(रील) फ्रेम कैमरा दिया गया और भरती करनेवाले ने कहा कि मेरा काम सीमा पर स्थानीय सैन्य इकाइयों की संख्या के बारे में जानकारी इकट्ठा करना है।

कश्मीर सिंह याद करते हैं कि उन्हें एजेंसी के अधिकारियों द्वारा गुरदासपुर जिले में डेरा बाबा नानक के पास भारत-पाक सीमा तक पहुँचाया गया, जहाँ से वह वर्ष 1969 की एक सुबह पाकिस्तान चले गए।

कश्मीर सिंह ने अपने भरती करनेवाले के बारे में अधिक जानकारी देने से इनकार कर दिया और विध्वंसक गतिविधियों में किसी भी तरह की संलिप्तता से भी इनकार किया।

"लाहौर में मेरी पहली सफल यात्रा के बाद मेरा आत्मविश्वास बढ़ा और बाद में इस यात्रा के दौरान मुझे लाहौर, मुल्तान, बहावलपुर

एवं साहीवाल में रणनीतिक प्रतिष्ठानों की तसवीरें लेने का काम सौंपा गया। इसके बाद मैंने पाकिस्तान की पचास से अधिक यात्राएँ कीं। मैं पाकिस्तान जाता, तसवीरें क्लिक करता और आमतौर पर सात से दस दिनों के भीतर लौट आता। मैंने एक बार टी-59 टैंकों की तसवीरें क्लिक की थीं, जिन्हें पाकिस्तान ने चीन से खरीदा था।"

अपनी नौकरी की प्रकृति और उसे करने के तरीके के बारे में कुछ विवरण साझा करते हुए कश्मीर सिंह ने कहा कि वह आमतौर पर लाहौर के एक गेस्टहाउस में किराए पर एक कमरा लेते थे और बस से अन्य स्थानों की यात्रा करते थे।

"मुझे उनकी भाषा, बोली और रीति-रिवाजों की अच्छी समझ थी। इसलिए, उस दुर्भाग्यपूर्ण दिन तक, जब मुझे गिरफ्तार किया गया था, तब तक मुझे कभी कोई परेशानी नहीं हुई।" वह याद करते हैं।

घटनाओं के क्रम के बारे में बताते हुए कश्मीर सिंह कहते हैं कि उन्हें पेशावर-रावलपिंडी मार्ग पर 22वें मील के पत्थर के पास गिरफ्तार किया गया था। पेशावर में कुछ तसवीरें लेने के बाद वह लाहौर जा रहे थे।

घटनाओं के क्रम के बारे में बताते हुए कश्मीर सिंह कहते हैं कि उन्हें पेशावर-रावलपिंडी मार्ग पर 22वें मील के पत्थर के पास गिरफ्तार किया गया था। पेशावर में कुछ तसवीरें लेने के बाद वह लाहौर जा रहे थे। अगले दिन उन्हें भारत लौटना था; लेकिन इस बार लौटने में 35 वर्ष लग गए।

वह एक ऐसे व्यक्ति के साथ बस में चढ़े, जो उनका गाइड था। लेकिन तुरंत ही उन्हें अपने साथी यात्री के बारे में कुछ अजीब-सा लगा। शायद यही वह तरीका था, जिससे वह बेचैन थे। इसलिए, जब बस अपने निर्धारित स्टॉप से पहले बिना किसी कारण के धीमी हो गई तो

उनकी छठी इंद्रिय ने उन्हें कैमरे से छुटकारा पाने के लिए कहा।

22वें मील के पत्थर पर पाकिस्तानी खुफिया अधिकारियों ने बस को रुकवा लिया और उन्हें गिरफ्तार कर लिया गया। गिरफ्तारी के बाद उन पर जासूसी और तस्करी का आरोप लगाया गया; लेकिन यह अधिकारियों द्वारा साबित नहीं किया जा सका।

इसके बाद, उन्हें पाकिस्तानी सेना की अदालत ने मौत की सजा सुनाई। इस फैसले को वर्ष 1976 एवं 1977 के बीच एक दीवानी अदालत ने बरकरार रखा और इसके बाद एक दया याचिका दायर की गई; लेकिन कोई लाभ नहीं हुआ। अनिश्चितकालीन जेल की सजा सुनाए जाने के बाद उन्होंने कहा कि "अधिकारियों द्वारा पहले कुछ महीनों के लिए उन्हें थर्ड डिग्री से प्रताड़ित किया गया।" क्योंकि उन्होंने उन पर भारतीय जासूस होने की बात कबूल करने के लिए दबाव डाला। कश्मीर सिंह को पाकिस्तान में सात अलग-अलग जेलों में एकांत कारावास में तथा 17 वर्षों तक जंजीरों से एक खंभे से बाँधकर रखा गया था। कैद में साढ़े तीन दशकों की कुल अवधि तक उन्होंने आकाश नहीं देखा, न किसी आगंतुक को।

22वें मील के पत्थर पर पाकिस्तानी खुफिया अधिकारियों ने बस को रुकवा लिया और उन्हें गिरफ्तार कर लिया गया। गिरफ्तारी के बाद उन पर जासूसी और तस्करी का आरोप लगाया गया; लेकिन यह अधिकारियों द्वारा साबित नहीं किया जा सका।

वर्ष 2008 में कार्यवाहक मानवाधिकार मंत्री अंसार बर्नी ने लाहौर जेल का दौरा करते हुए उन्हें देखा। बर्नी ने कहा कि कश्मीर सिंह अपने वर्षों की जेल के बाद मानसिक रूप से अक्षम हो गए हैं। उन्होंने तुरंत

उनका मामला पाकिस्तान सरकार के सामने रखा, जिसमें कश्मीर सिंह की रिहाई की माँग की। उन्होंने आगे कहा कि "मैंने मानवीय आधार पर उनका मामला लड़ा था, क्योंकि उन्होंने (कश्मीर सिंह ने) 35 वर्ष जेल में बिताए थे।" यह देखकर पाकिस्तान के राष्ट्रपति परवेज मुशर्रफ ने आश्चर्य एवं अविश्वास व्यक्त किया और उस दया याचिका को स्वीकार कर लिया तथा कश्मीर सिंह की रिहाई और भारत प्रत्यावर्तन का आदेश दिया।

4 मार्च, 2008 को उन्हें पाकिस्तान द्वारा रिहा कर दिया गया और समारोहों के बीच वाघा बॉर्डर होते हुए भारत में प्रवेश किया।

35 वर्ष बाद पाकिस्तानी जेल से रिहा हुए कश्मीर सिंह ने अफसोस जताया कि "केंद्र की सरकारों ने उनके परिवार के लिए कुछ नहीं किया। मेरे परिवार के लिए एक पैसा खर्च करने की जहमत नहीं उठाई। सरकार सिर्फ कागजी काम करती है।"

35 वर्ष बाद पाकिस्तानी जेल से रिहा हुए कश्मीर सिंह ने अफसोस जताया कि "केंद्र की सरकारों ने उनके परिवार के लिए कुछ नहीं किया। मेरे परिवार के लिए एक पैसा खर्च करने की जहमत नहीं उठाई। सरकार सिर्फ कागजी काम करती है।"

पाकिस्तान की सात अलग-अलग जेलों में बंद रहे कश्मीर सिंह ने कहा, "मैं पाकिस्तानी जेलों में अपनी पीड़ा की कहानी नहीं बताऊँगा, क्योंकि इससे वहाँ की जेलों में बंद ऐसे लगभग 100 अन्य कैदियों के मामलों को नुकसान होगा। मैं केवल यही कह सकता हूँ कि मैं ईश्वर का दृढ़ आस्तिक हूँ और यहाँ तक कि पाकिस्तानी जेलों में नमाज तथा रोजा भी रखता रहा।"

उन्होंने कहा कि पाकिस्तानी जेलों में उन्हें 'इब्राहिम' के नाम से जाना जाता था।

कश्मीर सिंह ने दावा किया, उस समय लाहौर सेंट्रल जेल में बंद 35 या 36 अन्य भारतीय कैदी जासूसी के समान मामलों का सामना कर रहे थे।

भारत सरकार ने यह कभी स्वीकार नहीं किया कि कश्मीर सिंह ने उनके लिए जासूसी की। कश्मीर सिंह के छोटे बेटे शीशपाल, जिन्होंने सन् 2009 में सहानुभूति के आधार पर पंजाब सरकार में नौकरी हासिल की, कहते हैं कि उनके पिता की गिरफ्तारी के बाद घर से मिले कई दस्तावेजों से संकेत मिलता है कि उन्होंने भारतीय सेना के लिए काम किया था। कुछ दस्तावेजों से पता चला कि वह पंजाब पुलिस से भी जुड़े थे, जिसमें वह सन् 1971 में अमृतसर में शामिल हुए थे।

कश्मीर सिंह के छोटे बेटे शीशपाल, जिन्होंने सन् 2009 में सहानुभूति के आधार पर पंजाब सरकार में नौकरी हासिल की, कहते हैं कि उनके पिता की गिरफ्तारी के बाद घर से मिले कई दस्तावेजों से संकेत मिलता है कि उन्होंने भारतीय सेना के लिए काम किया था।

जब कश्मीर सिंह को जासूसी के आरोप में गिरफ्तार किया गया तो उनकी पत्नी परमजीत कौर अपने तीन बच्चों—दो बेटों और डेढ़ साल की एक बेटी की देखभाल करने के लिए अकेली रह गई थीं। कश्मीर सिंह के पारिश्रमिक के रूप में उन्हें कुछ वर्षों के लिए मिली अल्प राशि को छोड़कर परिवार को सरकार या अधिकारियों से बहुत कम या बिना किसी सहायता के कठिनाई का सामना करना पड़ा।

"उनकी गिरफ्तारी के बाद, लगभग दो वर्षों तक, सेना से प्रतिमाह मुझे 300 रुपए मिलते रहे और बाद में 5,000 रुपए नकद का भुगतान किया गया। लेकिन उसके बाद भारत सरकार द्वारा कोई आर्थिक मदद

नहीं दी गई।" परमजीत कौर याद करती हैं।

वर्षों तक उन्होंने अपने तीन बच्चों को खिलाने के लिए एक नौकरानी के रूप में काम किया। "भारत सरकार ने हमें तब छोड़ दिया, जब हमें उनकी सबसे ज्यादा जरूरत थी।" वह कहती हैं।

हालाँकि, परमजीत कौर पंजाब के तत्कालीन मुख्यमंत्री प्रकाश सिंह बादल की प्रशंसा करती हैं, जिन्होंने वर्ष 2008-09 में उनके परिवार के लिए 10,000 रुपए की मासिक पेंशन मंजूर की और उनके बेटे को नौकरी दी। इसके अलावा, पंजाब सरकार और कुछ अन्य संगठनों द्वारा भी वित्तीय सहायता दी गई।

परमजीत कौर पंजाब के तत्कालीन मुख्यमंत्री प्रकाश सिंह बादल की प्रशंसा करती हैं, जिन्होंने वर्ष 2008-09 में उनके परिवार के लिए 10,000 रुपए की मासिक पेंशन मंजूर की और उनके बेटे को नौकरी दी।

चंडीगढ़ स्थित मानवाधिकार कार्यकर्ता और वरिष्ठ वकील रंजन लखनपाल के अनुसार, "सरकार कभी भी अपने जासूसों के अस्तित्व को स्वीकार नहीं करती। वे (जासूस) हमारे असल हीरो हैं। लेकिन एक बार जब उनका पर्दाफाश हो जाता है तो सरकार पुरस्कार अस्वीकार कर देती है। सरकार को उन्हें पुरस्कार देना चाहिए और उनके परिवारों का खयाल रखना चाहिए। उनमें से अधिकांश ने देश के लिए अपनी जवानी कुरबान कर दी, लेकिन फिर भी वे गुमनाम हैं।" लखनपाल कहते हैं, जिन्होंने लगभग 10 वर्ष पहले जासूसों के मामलों को बिना किसी फीस के लेना शुरू किया था। अब तक वह भारतीय जासूसों से जुड़े 60 से अधिक मामलों को देख चुके हैं।

□

गुरबख्श राम

पंजाब के फिरोजपुर के रहनेवाले गुरबख्श राम एक पूर्व जासूस हैं। उन्हें पाकिस्तानी सेना द्वारा इस्तेमाल किए गए हथियारों व गोला-बारूद के बारे में संवेदनशील जानकारी इकट्ठा करने के लिए पाकिस्तान भेजा गया। इसके लिए उन्हें एक वर्ष तक प्रशिक्षित भी किया गया था।

प्रशिक्षण पूरा करने के बाद उन्हें सन् 1988 में पाकिस्तान भेज दिया गया, जहाँ उन्होंने बिना किसी परेशानी के अपना काम किया। दो वर्ष तक वह महत्त्वपूर्ण डेटा पास करते रहे; लेकिन अपनी मातृभूमि में लौटते समय उन्हें सीमा पर पकड़ लिया गया और सियालकोट की गोरा जेल में डाल दिया गया। वहाँ उनसे पूछताछ की गई और बाद में उन्हें 14 वर्ष जेल की सजा सुनाई गई। वर्ष 2006 में उन्हें आखिरकार रिहा कर दिया गया और वे भारत लौट आए।

गुरबख्श राम के अनुसार, "मैंने एक जासूस के रूप में काम किया और सीमा पार भेज दिया गया, जब मैं केवल 18 वर्ष का था। जब मैं 22 वर्ष का था, तब पकड़ा गया। मैंने अपनी युवावस्था के 14 वर्ष पाकिस्तान की जेलों में बिताए। वर्ष 2006 में मेरे भाई के अथक प्रयासों के लिए धन्यवाद कि मैं कैदियों की अदला-बदली के एक कार्यक्रम के कारण स्वदेश लौट सका।"

"मेरा विवाह भी नहीं हो पाया है। फिर भी, देश के लिए हमने जो भी बलिदान दिया है, उसके लिए मुझे कोई मुआवजा नहीं मिलता और अब मैं एक निर्माण-स्थल पर दिहाड़ी मजदूर के रूप में काम करता हूँ।" मायूस गुरबख्श राम ने बताया।

गुरबख्श राम अकेले नहीं हैं, जिन्हें 'भारतीय जासूस' होने के कथित आरोपों के आधार पर पाकिस्तान की जेलों में डाल दिया गया। पिछले 20 वर्षों में कई और मामले सामने आए हैं, जहाँ भारतीय पुरुषों को 'भारतीय जासूस' करार दिए जाने के बाद, अपने परिवारों से दूर, पाकिस्तान की जेलों में बंद रहने के लिए मजबूर होना पड़ा है।

पाकिस्तान की जेल से रिहा हुए कई भारतीय जासूसों पर पंजाब सरकार द्वारा बरती गई उदारता से उत्साहित होकर गुरबख्श राम जैसे अन्य कई लोगों ने मुआवजे के लिए पंजाब व हरियाणा उच्च न्यायालय का रुख किया।

उच्च न्यायालय के वकील रंजन लखनपाल ने पुष्टि की कि वह कम-से-कम 41 ऐसी याचिकाओं पर विचार कर रहे हैं, जिनके द्वारा उनके परिवारों के लिए बेहतर जीवन की माँग की जा रही है।

"मेरा विवाह भी नहीं हो पाया है। फिर भी, देश के लिए हमने जो भी बलिदान दिया है, उसके लिए मुझे कोई मुआवजा नहीं मिलता और अब मैं एक निर्माण-स्थल पर दिहाड़ी मजदूर के रूप में काम करता हूँ।" मायूस गुरबख्श राम ने बताया।

रंजन लखनपाल के अनुसार, "मामले बढ़ते जा रहे हैं। केंद्र सरकार ने इन जासूसों को मान्यता देने से इनकार कर दिया, जिन्होंने अपने जीवन का प्रमुख समय सलाखों के पीछे बिताया।" उन्होंने कहा कि इनमें से ज्यादातर लोग अमृतसर, फिरोजपुर और गुरदासपुर जिलों के सीमावर्ती इलाकों से हैं।

लखनपाल ने कहा कि याचिकाओं में उन जासूसों के परिवारों के लिए रोजगार और पर्याप्त मुआवजे की माँग की गई है, जिन्हें विदेशी क्षेत्र में धकेलने से पहले चाँद-सूरज देने का वादा किया गया था। उन्होंने कहा, "हमने अदालत से इस संबंध में एक नीति बनाने के लिए केंद्र सरकार पर दबाव डालने के निर्देश भी माँगे हैं, ताकि एक बार वे जासूस ड्यूटी करते हुए पकड़े जाएँ तो उनके परिवारों की देखभाल सरकार द्वारा अच्छी तरह से की जा सके।"

हमने अदालत से इस संबंध में एक नीति बनाने के लिए केंद्र सरकार पर दबाव डालने के निर्देश भी माँगे हैं, ताकि एक बार वे जासूस ड्यूटी करते हुए पकड़े जाएँ तो उनके परिवारों की देखभाल सरकार द्वारा अच्छी तरह से की जा सके।

सूत्रों का कहना है कि इन जासूसों के प्रति भारतीय अधिकारियों के उदासीन रवैए ने न केवल नई भरती को हतोत्साहित किया है, बल्कि राष्ट्रीय सुरक्षा के लिए महत्त्वपूर्ण सूचना के प्रवाह को भी आंशिक रूप से समाप्त कर दिया है।

इसी क्रम में, वर्ष 2006 में रिहा होने से पहले पाकिस्तान की जेलों में 14 वर्ष बितानेवाले गुरबख्श राम ने कहा, "हमारे क्षेत्र से कोई भी अब अपनी जान जोखिम में डालने को तैयार नहीं है, क्योंकि अधिकारियों को हमारे परिवारों की चिंता नहीं रहती है।" उन्होंने कहा, "मुझे सन् 1987 में दिल्ली से पाकिस्तान भेजे जाने से पहले रिसर्च एंड एनालिसिस विंग (RAW) में प्रशिक्षित किया गया था। आज जीवन-यापन के लिए मुझे दिहाड़ी मजदूरी करनी पड़ रही है।"

'रॉ' और इंटेलिजेंस ब्यूरो (आई.बी.) के अधिकारी इस बात से सहमत हैं कि इन जासूसों के परिवारों की खराब स्थिति के बारे में

परेशान करनेवाली रिपोर्टों ने एक हद तक नई भरती को हतोत्साहित किया है। अधिकारियों ने कहा, "यह निश्चित रूप से सीमा पार से सूचना के सुचारु प्रवाह को प्रभावित करता है, विशेष रूप से पाकिस्तान से, जो राष्ट्रीय सुरक्षा की चिंताओं को अद्यतन करने के लिए सबसे महत्त्वपूर्ण है।"

लखनपाल ने दावा किया कि खुफिया अधिकारियों को जब अदालत में तलब किया गया तो उन्होंने स्वीकार किया कि वे राष्ट्रीय सुरक्षा बाध्यताओं के कारण जासूसों को अपने पास नहीं रख सकते। वे उनके साथ अदालत से बाहर समझौता करने की कोशिश करते हैं और उन्हें 50 हजार या 1 लाख रुपए का भुगतान करते हैं, जो कि कुछ भी नहीं है। अधिकारी मानते हैं कि जासूसों की खराब स्थिति के मीडिया प्रचार ने निश्चित रूप से नई भरती पर चोट की है।

> ***यह निश्चित रूप से सीमा पार से सूचना के सुचारु प्रवाह को प्रभावित करता है, विशेष रूप से पाकिस्तान से, जो राष्ट्रीय सुरक्षा की चिंताओं को अद्यतन करने के लिए सबसे महत्त्वपूर्ण है।***

पश्चिमी कमांड के पूर्व जनरल ऑफिसर कमांडिंग-इन-चीफ लेफ्टिनेंट जनरल सुरजीत सिंह संधरा (सेवानिवृत्त) बताते हैं कि सेवाओं के पदानुक्रम में उच्च स्तर पर खुफिया जानकारी एकत्रित करने के लिए प्रतिबद्ध लोगों को पर्याप्त भुगतान किया गया था और उनके परिवारों का भी खयाल रखा गया था।

□

गोपाल दास

गाँव भैणी मियाँ खान, जिला गुरदासपुर के मूल निवासी गोपाल दास भारत के लिए जासूसी करने के आरोप में 27 वर्ष जेल में बिताने के बाद वर्ष 2011 में पाकिस्तान से स्वदेश लौटे।

वैसे, 27 वर्ष पहले पाकिस्तान की सीमा में 2 कि.मी. अंदर गिरफ्तार होने से पहले 25 वर्षीय गोपाल दास जॉर्डन जाने के लिए पूरी तरह तैयार थे। पासपोर्ट और सारी तैयारी थी। "मेरा एक रिश्तेदार वहाँ काम कर रहा था और मैंने सोचा कि मैं कुछ वर्षों के लिए जाऊँगा, ड्राइवर के रूप में काम करूँगा, कुछ पैसे कमाऊँगा। उस समय गाँव में कोई कार नहीं थी, लेकिन मुझे ड्राइवरी आती थी।" वह बताते हैं।

यह दावा करते हुए कि उन्हें पाकिस्तान जाने के लिए 'एजेंसी' से केवल 500 रुपए दिए गए थे और आश्वासन दिया गया था कि अगर उनके साथ कुछ भी गलत होता है तो उनके परिवार की देखभाल की जाएगी।

63 वर्षीय गोपाल दास को पाकिस्तान में तब गिरफ्तार किया गया, जब वह 25 वर्ष के थे। उन्हें सियालकोट, मुल्तान, मियाँवाली और लाहौर जेल सहित पाकिस्तान की विभिन्न जेलों में कैद रखा गया। उन्होंने खुलासा किया कि इस दौरान 38 और भारतीय कैदी जेल में बंद थे,

जिनमें से 9 जासूसी के आरोप में पकड़े गए थे। वे 9 लोग थे—मकबूल हुसैन, अशोक कुमार, कुलदीप सिंह, कुलदीप कुमार, धर्म सिंह, तिलक राज, सुजीत सिंह, रामराज एवं मोहम्मद फरीद, जो भारतीय मूल के थे और जासूसी के आरोप में पकड़े गए थे।

गोपाल दास ने कहा, "जब मैं लाहौर जेल से निकल रहा था तो सभी कैद भारतीयों ने मुझसे भारत सरकार के सामने अपना मामला उठाने का अनुरोध किया।"

उन्होंने बताया कि लगभग 11 साल तक उन्हें लाहौर के जेल अधिकारियों द्वारा जंजीरों से जकड़े हुए जेल में रखा गया और यहाँ तक कि वाघा बॉर्डर तक भी उन्हें हाथों को बाँधकर लाया गया। वर्ष 1990 से उनकी कमर और पैरों में लोहे की भारी जंजीरें बँधी हुई थीं, जिन्हें 13 वर्ष बाद हटा दिया गया था।

उन्होंने बताया कि लगभग 11 साल तक उन्हें लाहौर के जेल अधिकारियों द्वारा जंजीरों से जकड़े हुए जेल में रखा गया और यहाँ तक कि वाघा बॉर्डर तक भी उन्हें हाथों को बाँधकर लाया गया। वर्ष 1990 से उनकी कमर और पैरों में लोहे की भारी जंजीरें बँधी हुई थीं, जिन्हें 13 वर्ष बाद हटा दिया गया था। उस समय उन्हें बिना जंजीरों के साथ तालमेल बिठाने में समय लगा। लगभग एक महीने तक उन्हें लगा, जैसे उनके पैर ही नहीं हैं।

गोपाल दास बताते हैं, "सियालकोट में पहले 35 महीने की पूछताछ के बाद लगभग 4 साल मुल्तान जेल में रहा, फिर पंजाब के सबसे दूर के कोने में मियाँवाली जेल में लगभग 18 साल की लंबी अवधि और अंत में, लाहौर में कुछ वर्षों की कैद।"

जेल के पहले कुछ महीने सबसे कठिन रहे। लगातार दर्द भरी

बेरहम पिटाई, टूटे जोड़ और हिलने-डुलने में या हलकी चीजों को उठाने में असमर्थता थी। प्रत्येक कैदी से पूछताछ और अकेले में बंद होने के कारण उन 35 महीनों तक गोपाल दास ने किसी से बात नहीं की।

"मैंने कई कैदियों को रात में दर्द से चीखते व चिल्लाते हुए सुना। यही वह समय था, जब मैं पागल हो सकता था।" वे बताते हैं।

उन लंबे दिनों व महीनों में गोपाल दास दयालुता के एक कार्य को याद करते हैं, "एक (पाकिस्तानी) अधिकारी, मुझे उनका नाम याद नहीं है, मेरे लिए दो हिंदी उपन्यास पढ़ने के लिए लाए। एक जासूसी उपन्यास 'हांगकांग के हत्यारे' और एक पारिवारिक नाटक 'मेरी माँग सजा दो'।"

मुल्तान जेल में गोपाल दास अन्य भारतीय जासूसों से मिले—रूप लाल, जो गुरदासपुर जिले से थे, 25 साल बाद सन् 2000 में रिहा हुए; होशियारपुर से कश्मीर सिंह, 2008 में 35 साल बाद रिहा हुए और श्रीगंगानगर के रवींद्र कौशिक, जिनकी मौत की सजा को उम्रकैद में बदल दिया गया था, लेकिन उनकी मृत्यु तपेदिक से हो गई थी।

मुल्तान जेल में गोपाल दास अन्य भारतीय जासूसों से मिले—रूप लाल, जो गुरदासपुर जिले से थे, 25 साल बाद सन् 2000 में रिहा हुए; होशियारपुर से कश्मीर सिंह, 2008 में 35 साल बाद रिहा हुए और श्रीगंगानगर के रवींद्र कौशिक, जिनकी मौत की सजा को उम्रकैद में बदल दिया गया था, लेकिन उनकी मृत्यु तपेदिक से हो गई थी।

सन् 1987 में मुल्तान से गोपाल दास ने अपना पहला पत्र लिखा। "हमने एक पेन व कागज की व्यवस्था की और पत्र को बिना टिकट के

भेज दिया।" वह याद करते हैं। पत्र घर पहुँच गया और चमत्कारिक रूप से उन्हें उत्तर मिल गया। पत्रों के भाव से उन्हें लगा कि उनके पिता की मृत्यु हो चुकी है।

गोपाल दास बताते हैं कि जब वे पीछे मुड़कर देखते हैं तो उन 27 वर्षों में से कुछ भी नहीं बचा है। भविष्य के लिए कोई योजना नहीं है। "मैंने कभी नहीं सोचा था कि अगर मुझे आजाद कर दिया गया तो मैं क्या करूँगा!" वे कहते हैं, "मैं केवल मुक्त होना चाहता था।"

गोपाल दास बताते हैं कि जब वे पीछे मुड़कर देखते हैं तो उन 27 वर्षों में से कुछ भी नहीं बचा है। भविष्य के लिए कोई योजना नहीं है। "मैंने कभी नहीं सोचा था कि अगर मुझे आजाद कर दिया गया तो मैं क्या करूँगा!" वे कहते हैं, "मैं केवल मुक्त होना चाहता था।"

गोपाल दास के भाई आनंद वीर ने वर्ष 2008 में सुप्रीम कोर्ट में एक रिट याचिका दायर कर आरोप लगाया था कि उनके भाई को जुलाई 1984 में गिरफ्तार किया गया था, जब वह पाकिस्तानी सीमा क्षेत्र में भटक गए थे। उन्होंने लाहौर सेंट्रल जेल में 27 वर्ष से बंद अपने भाई की रिहाई के लिए अदालत से सरकार द्वारा हस्तक्षेप करने की माँग की। 15 मार्च, 2011 को न्यायमूर्ति मार्कंडेय काटजू और ज्ञान सुधा मिश्रा की एक बेंच ने गोपाल दास को रिहा करने के लिए सीधे पाकिस्तान सरकार से अपील करने का अनैच्छिक कदम उठाया। "हम पाकिस्तान के अधिकारियों को कोई निर्देश नहीं दे सकते, क्योंकि उन पर हमारा कोई अधिकार-क्षेत्र नहीं है। भारतीय अधिकारियों ने इस मामले में वह सबकुछ किया है, जो वे कर सकते थे। हालाँकि, यह हमें पाकिस्तानी अधिकारियों से अनुरोध करने से नहीं रोकता है कि याचिकाकर्ता की

अपील पर मानवीय आधार पर उसकी सजा के शेष हिस्से को छोड़कर उसे रिहा करने की अपील पर विचार किया जाए।" न्यायमूर्ति काटजू ने अपने आदेश में लिखा।

आखिर, 27 वर्ष से पाकिस्तान की जेल में कैद भारतीय जासूस गोपाल दास को वाघा बॉर्डर पर भारतीय अधिकारियों को सौंप दिया गया। गोपाल दास को पाकिस्तानी राष्ट्रपति आसिफ अली जरदारी के आदेश पर 14 अप्रैल, 2011 को रिहा किया गया। जासूस को एक विशेष वाहन में कोट लखपत जेल से वाघा बॉर्डर भेजा गया। राष्ट्रपति आसिफ अली जरदारी द्वारा गोपाल दास की जेल की शेष सजा को माफ करने की अधिसूचना 27 मार्च को जारी की गई थी। राष्ट्रपति जरदारी ने भारत के सर्वोच्च न्यायालय की अपील के बाद मानवीय आधार पर नोटिस जारी किया।

आखिर, 27 वर्ष से पाकिस्तान की जेल में कैद भारतीय जासूस गोपाल दास को वाघा बॉर्डर पर भारतीय अधिकारियों को सौंप दिया गया। गोपाल दास को पाकिस्तानी राष्ट्रपति आसिफ अली जरदारी के आदेश पर 14 अप्रैल, 2011 को रिहा किया गया। जासूस को एक विशेष वाहन में कोट लखपत जेल से वाघा बॉर्डर भेजा गया।

अपने जासूस बनने की कहानी बताते हुए गोपाल दास कहते हैं, "मैं 'रॉ' के लिए एक जासूस बन गया, जब मैं 18 वर्षीय एक बेरोजगार युवा के रूप में इसमें शामिल हुआ। पकड़े जाने से पहले 7 साल तक मैं महीने में दो बार 1,500 रुपए के वेतन पर पाकिस्तान जाता था। उन्होंने मुझसे कहा था कि अगर मैं पकड़ा गया तो वे मुझे एक या दो महीने में वापस छुड़वा लेंगे और वे मेरे परिवार की देखभाल करेंगे। लेकिन उन्होंने कुछ

नहीं किया। मुझे अस्वीकार कर दिया गया।"

"जब मेरे भाई ने वर्ष 2007 में सुप्रीम कोर्ट में याचिका दायर की तो उन्होंने कोर्ट से कहा कि मैं एक भारतीय भी नहीं हूँ। मुझ पर जासूसी का आरोप लगाया गया और सजा सुनाई गई, इसलिए नहीं कि मैं एक तस्कर या चोर था।"

वह याद करते हुए कहते हैं, "एक दिन मैंने अप्रत्याशित रूप से लाहौर जेल के अंदर टी.वी. पर दोपहर 3 बजे की खबरों में सुर्खियाँ बटोरीं, जिस दिन उन्होंने मेरी रिहाई की घोषणा की। '27 वर्ष के बाद रिहाई' की खबर सुनकर मैं चौंक गया। हे भगवान्! 27 वर्ष कैद में! उस पल ऐसा लगा, जैसे शरीर बिल्कुल हलका हो गया हो।"

"जब मेरे भाई ने वर्ष 2007 में सुप्रीम कोर्ट में याचिका दायर की तो उन्होंने कोर्ट से कहा कि मैं एक भारतीय भी नहीं हूँ। मुझ पर जासूसी का आरोप लगाया गया और सजा सुनाई गई, इसलिए नहीं कि मैं एक तस्कर या चोर था।"

उनका अपना घर वर्ष 1988 में भैणी मियाँ खान में आई बाढ़ से तबाह हो गया था।

जुलाई 1984 में गोपाल दास के जाने के बाद से उनका गाँव भैणी मियाँ खान बदल गया है। उस समय लगभग 80 कि.मी. दूर अमृतसर में 'ऑपरेशन ब्लू स्टार' के बाद गाँव अभी भी कर्फ्यू में था। घर लगभग सभी कच्चे एवं खुले स्थानों में थे और नाम के लायक कोई बाजार नहीं था। केवल एक सरकारी मिडिल स्कूल था। उन्हें याद है, पूरे गाँव में केवल 3 मोटर साइकिलें थीं।

आज बाजार में दुकानों की भरमार है। पक्के मकानों ने सभी खुली जगहों को निगल लिया है और सँकरी गलियों में कारों की आवा-जाही

धीमी हो गई है। आज भैणी मियाँ खान में 13 स्कूल हैं, जिनमें से 11 निजी हैं।

गोपाल दास के भतीजे मदन लाल अपने चाचा को याद करते हैं, "युवावस्था में उन्हें अच्छे कपड़ों का बहुत शौक था। उनकी हरे रंग की साइकिल आसपास के गाँवों में लड़कों की ईर्ष्या का कारण थी। वह अकसर बॉबी कॉलर की सफेद शर्ट और सफेद बेलबॉटम पहनते थे। एक कंघी फैशनेबल ढंग से पतलून की पिछली जेब से दो इंच ऊपर निकली रहती थी।"

मदन लाल का कहना है कि "अब हालाँकि, उनके बाल पतले हो गए हैं और रंग काला पड़ गया है; लेकिन इसके अलावा, जो आदमी 27 वर्ष बाद वापस आया है, वह वही है।"

मदन लाल का कहना है कि "अब हालाँकि, उनके बाल पतले हो गए हैं और रंग काला पड़ गया है; लेकिन इसके अलावा, जो आदमी 27 वर्ष बाद वापस आया है, वह वही है।"

गोपाल दास के भतीजे के बेटे मनीष मानते हैं, "मैंने उन्हें पहले कभी नहीं देखा है; लेकिन मैं फिर भी उन्हें पहचान लेता, क्योंकि उनका चेहरा मुकेरियाँ में रहनेवाले उनके भाई सरदारी लाल से मिलता है।"

"बहुत कुछ बदल गया है, लेकिन गोपाल दास वही हैं।" बड़े भाई चरण दास पुष्टि करते हैं।

□

डेनियल मसीह

डेनियल मसीह पंजाब के गुरदासपुर जिले के एक गाँव दादवान में साइकिल रिक्शा चलाकर प्रतिदिन लगभग 150 रुपए कमाते हैं। उनकी पत्नी घरेलू महिला हैं। दंपती और उनके तीन छोटे बच्चे एक सँकरी गली में एक अँधेरे व गंदे कमरे में रहते हैं।

54 वर्षीय डेनियल मसीह ने याद करते हुए बताया कि रिसर्च एंड एनालिसिस विंग (RAW) के लिए काम करते हुए लगभग एक दर्जन बार वह पाकिस्तान गए।

"मुझे पुलों के नक्शे और तसवीरें लाने का काम दिया गया था। मैंने डेरा बाबा नानक क्षेत्र से दस से बारह बार पाकिस्तान में प्रवेश किया। मैं तीन दिनों के भीतर वापस आ जाता था। मुझे प्रति यात्रा 3,000 रुपए तक मिलता था।" डेनियल बताते हैं।

डेनियल मसीह को वर्ष 1993 में जासूसी के आरोप में पाकिस्तान में गिरफ्तार कर लिया गया, लेकिन चार वर्ष बाद रिहा कर दिया गया। उन्होंने कहा कि लौटने पर उन्हें यहाँ के अधिकारियों से 15,000 रुपए मिले।

डेनियल का कहना है कि 4 वर्ष के दौरान उन्हें नरोवाल, सियालकोट, लाहौर और रावलपिंडी जैसे इलाकों में जेल में डाल दिया गया था। पूछताछ के दौरान उन्हें कई बार प्रताड़ित किया गया; लेकिन

उन्होंने यह नहीं बताया कि वह एक गुप्त एजेंट हैं।

पंजाब के दादवान जैसे अनजान गाँव ऐसे लोगों से भरे हुए हैं, जो कहते हैं कि उन्होंने भारतीय खुफिया संगठनों के लिए काम किया, कुछ हजार रुपए के लिए अपने जीवन को खतरे में डाल दिया और वर्षों तक पाकिस्तानी जेलों में बंद रहने के बाद रिहा होने पर उन्हें अस्वीकार कर दिया गया। पकड़े जाने के बाद एजेंसियों ने उन्हें भुगतान करना बंद कर दिया। उनकी पत्नियाँ व बच्चे दयनीय जीवन व्यतीत कर रहे हैं। वे अब मजदूर, कुली, रिक्शा-चालक और घरेलू सहायक के रूप में काम करते हैं।

विशेषज्ञों का कहना है कि खुफिया एजेंसियाँ पाकिस्तान की सीमा से लगे पंजाब के इलाकों में रहनेवाले गरीब परिवारों से नियमित रूप से भरती करती हैं।

डेनियल ने बताया कि जब उन्होंने राजनेताओं और अधिकारियों से मदद माँगी तो उन्होंने उनकी बिल्कुल भी मदद नहीं की। इसके बजाय पुलिसकर्मियों ने उनसे पूछताछ की और प्रताड़ित किया। उन्होंने उन पर यह कहते हुए मामला थोप दिया कि वह स्वेच्छा से पाकिस्तान गए थे।

डेनियल ने बताया कि जब उन्होंने राजनेताओं और अधिकारियों से मदद माँगी तो उन्होंने उनकी बिल्कुल भी मदद नहीं की। इसके बजाय पुलिसकर्मियों ने उनसे पूछताछ की और प्रताड़ित किया। उन्होंने उन पर यह कहते हुए मामला थोप दिया कि वह स्वेच्छा से पाकिस्तान गए थे।

जेल एवं पाकिस्तानी अथॉरिटी द्वारा सियालकोट जेल में उन्हें बुरी तरह से प्रताड़ित किया गया, मारा-पीटा गया और बिजली के झटके दिए गए।

डेनियल मसीह

"मैंने रावलपिंडी में वाणिज्य दूतावास तक अपनी बात पहुँचाई; लेकिन इसके बाद कुछ नहीं हुआ।" डेनियल ने बताया, "मुझे एजेंसी द्वारा भेजा गया था। मुझे तस्कर के रूप में पेश होने या किसी ऐसे व्यक्ति की तरह काम करने के लिए कहा गया था, जो गलती से दूसरी तरफ चला गया हो। मुझे विभिन्न जेलों में स्थानांतरित किया गया और अंततः लाहौर की कोट लखपत जेल से रिहा कर दिया गया। अब मैं रिक्शा चलाकर अपना परिवार चलाता हूँ। जब मैं जेल में था, तब मेरे परिवार को सरकार से कोई मदद नहीं मिली।"

पूर्व जासूस ने आगे बताया, "पाकिस्तान में अपने पहले के एक उपक्रम में मैं मुश्किल से गिरफ्तारी से बच पाया और एक पुलिया के नीचे छिप गया, क्योंकि रेंजर्स की टीम इलाके में गश्त कर रही थी। मैं वहाँ एक घंटे से अधिक समय तक छिपा रहा, जब तक कि अँधेरे में आगे बढ़ना स्पष्ट नहीं हो गया।"

पूर्व जासूस ने आगे बताया, "पाकिस्तान में अपने पहले के एक उपक्रम में मैं मुश्किल से गिरफ्तारी से बच पाया और एक पुलिया के नीचे छिप गया, क्योंकि रेंजर्स की टीम इलाके में गश्त कर रही थी। मैं वहाँ एक घंटे से अधिक समय तक छिपा रहा, जब तक कि अँधेरे में आगे बढ़ना स्पष्ट नहीं हो गया।"

उन्हें सौंपे गए कार्यों के बारे में उन्होंने कहा कि उन्हें विभिन्न सैन्य इकाइयों के स्थान और उनकी गतिविधियों के बारे में जानकारी इकट्ठा करने के लिए कहा गया था। कई बार उन्हें पाकिस्तानी कार्यरत या सेवानिवृत्त सैन्यकर्मियों के साथ मैत्रीपूर्ण संपर्क बनाने और किसी भी प्रकार की सहायता प्राप्त करने का प्रयास करने का काम सौंपा गया था।

डेनियल ने बताया कि वह और उनके अन्य साथी एजेंट भी कुछ पाकिस्तानियों को 'रॉ' के लिए काम करने के लिए फुसलाया करते थे। उन्होंने कहा कि पाकिस्तान में घुसपैठ के बाद वे अपने संपर्क लाला बशीर के साथ जस्सर रेलवे स्टेशन के पास अली आबाद गाँव में रहते थे, जहाँ से वे चुनिंदा इलाकों में चले जाते थे। उन्होंने कहा कि उन्हें भारी मात्रा में पी.सी.—पाकिस्तानी करेंसी—ले जाने का भी काम सौंपा गया था, जिसका इस्तेमाल 'रॉ' के स्लीपर एजेंटों के माध्यम से विध्वंसक गतिविधियों के लिए किया जाना था।

जब वे भारत लौटते थे तो बी.एस.एफ. द्वारा दिए गए कोडवर्ड का इस्तेमाल करने पर उन्हें प्रवेश की अनुमति मिलती थी। उन्होंने बताया कि कभी-कभी उन्हें 'कलाकार' का कोडवर्ड दिया जाता था और कोई सवाल नहीं करता था, क्योंकि वे उनके काम के बारे में जानते थे।

जब वे भारत लौटते थे तो बी.एस.एफ. द्वारा दिए गए कोडवर्ड का इस्तेमाल करने पर उन्हें प्रवेश की अनुमति मिलती थी। उन्होंने बताया कि कभी-कभी उन्हें 'कलाकार' का कोडवर्ड दिया जाता था और कोई सवाल नहीं करता था, क्योंकि वे उनके काम के बारे में जानते थे।

उन्होंने निराश मन से कहा, "मैं परित्यक्त और इस्तेमाल किया हुआ महसूस करता हूँ।"

डेनियल की कहानी किसी एक व्यक्ति की कहानी नहीं है। सैकड़ों अन्य लोग हैं, जिन्हें इस्तेमाल करने के बाद छोड़ दिया गया है।

□

बलबीर सिंह

38 वर्ष पहले दरवाजे पर एक दस्तक ने बलबीर सिंह की जिंदगी हमेशा के लिए बदल दी। उनके दरवाजे पर मौजूद व्यक्ति ने बताया कि वह भारत सरकार की खुफिया सेवाओं से है। उसने बलबीर सिंह को एक प्रस्ताव दिया, जिसे 20 वर्षीय बलबीर मना नहीं कर सके। अधिकारी ने बलबीर को बताया कि उन्हें हर महीने 500 रुपए का भुगतान किया जाएगा और 3 वर्ष बाद खुफिया शाखा में स्थायी नौकरी मिल जाएगी। इसके लिए उन्हें पाकिस्तान से भारत के लिए जासूसी करनी होगी।

भारत व पाकिस्तान के बीच अंतरराष्ट्रीय सीमा से सटे पंजाब के अशांत व तस्करों से प्रभावित जिलों में यह एक ऐसा प्रस्ताव था, जिसे कई लोग ईश्वर का वरदान मानते थे। बलबीर ने सोचा कि वह भाग्यशाली हैं कि उन्हें चुना गया।

लेकिन अब, अमृतसर के बाहरी इलाके में महल गाँव के 58 वर्षीय निवासी के रूप में रहनेवाले बलबीर सिंह एक मोहभंग देशभक्त हैं, जो वर्तमान में एक चौकीदार के रूप में काम करके अपने परिवार का भरण-पोषण कर रहे हैं।

बलबीर सिंह के कई पड़ोसी उन्हें पूर्व भारतीय जासूस के रूप में

जानते हैं, जिन्होंने पाकिस्तानी जेलों में लगभग 12 वर्ष बिताए। अब वे राष्ट्र के प्रति अपनी सेवा के लिए क्षुद्र पहचान को बचाने की कोशिश में व्यवस्था के खिलाफ एक हारी हुई लड़ाई लड़ रहे हैं।

बलबीर कहते हैं, "कभी-कभी मुझे लगता है कि पाकिस्तान में मर जाना बेहतर होता। इस तरह, मुझे कम-से-कम इस तरह का अपमान तो नहीं झेलना पड़ता।"

बलबीर अपने मिशन में अकेले नहीं हैं। उनके जैसे ऐसे अनेक लोग हैं। सरकार की प्रतिक्रिया उनके प्रति उदासीन रही है। सरकार अमूमन भारतीय जासूसों के बारे में कोई स्वीकारोक्ति नहीं करती। सुरक्षा विशेषज्ञों का कहना है कि यह बाध्यकारी नहीं है।

बलबीर अपने मिशन में अकेले नहीं हैं। उनके जैसे ऐसे अनेक लोग हैं। सरकार की प्रतिक्रिया उनके प्रति उदासीन रही है। सरकार अमूमन भारतीय जासूसों के बारे में कोई स्वीकारोक्ति नहीं करती। सुरक्षा विशेषज्ञों का कहना है कि यह बाध्यकारी नहीं है। पूर्व शीर्ष खुफिया अधिकारी एम.के. धर कहते हैं, "कोई भी सरकार कभी भी जासूसी गतिविधियों को अंजाम देने की बात स्वीकार नहीं करती है।"

पंजाब के कुछ पूर्व जासूसों के अनुसार, "हमने कभी जेल में बिताए कष्टपूर्ण समय या पाकिस्तानियों द्वारा हमें प्रताड़ित किए जाने की शिकायत नहीं की। हम केवल अपनी सेवाओं के बदले कुछ वित्तीय सुरक्षा चाहते थे।"

अधिकांश का कहना है कि उन्हें उनके शुरुआती जीवन में, 20 वर्ष की अवस्था के आसपास, भरती किया गया था। पंजाब में सुरक्षा शिविरों में नौ महीने का गहन प्रशिक्षण हुआ, जिसने सिखों के रूप में उनकी पहचान के सभी निशान हटा दिए। वे कटे हुए थे, खतना किए गए थे

और इसलामी परंपरा में निपुण थे।

बलबीर सिंह गौंसाबाद गाँव में अपने साधारण से घर में बैठे याद करते हैं, "प्रशिक्षण के अंत में हम उर्दू बोलनेवाले, नमाज अदा करनेवाले और बीफ खानेवाले व्यक्ति बन गए। सीमा पार रहनेवाले पाकिस्तानियों के अलावा हमें कुछ भी नहीं बताया गया।"

बलबीर बताते हैं, "भारत और पाकिस्तान को अलग करनेवाली अटारी-वाघा सीमा तक की एक घंटे की ड्राइव। ज्यादातर जासूसों को गुप्त दस्तावेज लाने के लिए मिशन पर भेजा जाता है। हमें रात में बी.एस.एफ. के वाहनों में सीमा तक ले जाया गया। हम चुपचाप तब तक इंतजार करते, जब तक कि सुबह 4 बजे के आसपास अजान का वक्त नहीं हो जाता। यही वह समय था, जब सीमा पार सुरक्षा में अस्थायी रूप से ढील दी जाती थी।

बलबीर सिंह गौंसाबाद गाँव में अपने साधारण से घर में बैठे याद करते हैं, "प्रशिक्षण के अंत में हम उर्दू बोलनेवाले, नमाज अदा करनेवाले और बीफ खानेवाले व्यक्ति बन गए। सीमा पार रहनेवाले पाकिस्तानियों के अलावा हमें कुछ भी नहीं बताया गया।"

"कभी-कभी हमें पाकिस्तानी रेंजरों द्वारा देख लिया जाता था और तब हम बचाव के लिए भागते थे। उनकी गोलियाँ हमारे पास से गुजर जाती थीं। यदि हम जीवित रहने में सफल रहते तो पास के पाकिस्तानी गाँवों में चले जाते, जहाँ हमारे स्थानीय संपर्क हमारा इंतजार कर रहे होते थे।

"मेरा एक काम पाकिस्तान में हमारे एजेंटों को भुगतान करना था।" बलबीर याद करते हैं, "मुहम्मद सुल्तान के नाम से एक पाकिस्तानी बैंक में मेरा खाता था।" वह बताते हैं, "खुफिया विभाग के लोगों ने उस खाते

में करीब 2 लाख रुपए जमा कर रखे थे, जिससे पाकिस्तान में मेरा खर्च चलता था।

"पाकिस्तान में हम जासूस होटलों में रुकते समय झूठे पते दिया करते थे और असाइनमेंट पर काम करते थे। यह जोखिम भरा काम था। भारतीय अधिकारियों के जासूसों के लिए अलिखित नियम होते हैं। गिरफ्तार लोगों को अकसर बेसहारा छोड़ दिया जाता है।

"मेरे परिवार को मेरी गिरफ्तारी के बारे में तभी पता चला, जब मैंने उन्हें पाकिस्तान से पत्र लिखा।"

वर्ष 1996 में कुछ पूर्व जासूसों ने सरकार की कथित उदासीनता के लिए मुकदमा दायर करते हुए अदालत का रुख किया। लेकिन किस्मत उनके साथ नहीं थी। दस्तावेजी साक्ष्य के अभाव में अदालत ने उनकी याचिकाओं को खारिज कर दिया। व्यवस्था आमतौर पर ऐसे याचिकाकर्ताओं के पक्ष में फैसला सुनाने के खिलाफ है, क्योंकि कानूनी समर्थन का मतलब होगा कि सरकार जासूसी में संलग्न है।

वर्ष 1996 में कुछ पूर्व जासूसों ने सरकार की कथित उदासीनता के लिए मुकदमा दायर करते हुए अदालत का रुख किया। लेकिन किस्मत उनके साथ नहीं थी। दस्तावेजी साक्ष्य के अभाव में अदालत ने उनकी याचिकाओं को खारिज कर दिया।

स्पष्ट है कि राष्ट्रीय सुरक्षा के हित में स्रोतों की कभी भी किसी प्रकार की पहचान जारी नहीं की जाती। उनका खर्च सरकार द्वारा आवंटित गुप्त धन से वहन किया जाता है, जिसका कभी ऑडिट नहीं किया जाता है।

पूर्व जासूस एक दिन से दूसरे दिन तक जीवित रहते हैं, इस उम्मीद

में कि किसी दिन उन्हें अंततः उनके प्रयासों के लिए मुआवजा दिया जाएगा। कई लोग शर्मनाक विवरण के साथ पुस्तकें लिखते हैं, विशेषज्ञ एवं टेलीविजन के प्रमुख बन जाते हैं और इससे भी बदतर, खुद को उस सरकार से बेहतर सौदा करने की कोशिश करते हैं, जिसने उनके साथ अन्याय किया है।

इसी क्रम में, बलबीर सिंह ने अपने दयनीय जीवन की ओर ध्यान आकर्षित करने के लिए आत्महत्या करने की धमकी दी। चौकीदार के रूप में काम न तो संतोषजनक है और न ही समुचित आमदनी का जरिया। एक पत्नी और दो बच्चों का भरण-पोषण करने के लिए 2,400 रुपए मासिक का वेतन बहुत कम पड़ता है।

बलबीर सिंह ने अपने दयनीय जीवन की ओर ध्यान आकर्षित करने के लिए आत्महत्या करने की धमकी दी। चौकीदार के रूप में काम न तो संतोषजनक है और न ही समुचित आमदनी का जरिया। एक पत्नी और दो बच्चों का भरण-पोषण करने के लिए 2,400 रुपए मासिक का वेतन बहुत कम पड़ता है।

बलबीर सिंह का कहना है कि देश की बाहरी खुफिया जानकारी एकत्रित करनेवाली एजेंसी रिसर्च एंड एनालिसिस विंग (RAW) ने उन्हें सन् 1971 के भारत-पाकिस्तान युद्ध के कुछ महीने पूर्व फरवरी 1971 में भरती किया था, जिसके परिणामस्वरूप बँगलादेश का निर्माण हुआ था।

बलबीर सिंह बताते हैं, "मेरा एक दोस्त पहले से ही 'रॉ' के लिए काम कर रहा था। 300 रुपए प्रतिमाह अच्छा वेतन था और यात्रा आदि का खर्च जासूसी एजेंसी उठाती थी।"

बलबीर सिंह

बलबीर सिंह पाकिस्तानी सेना के एक पूर्व जवान सफैद खान के बेटे मुहम्मद सुल्तान बने। उनका खतना किया गया और उन्होंने नमाज अदा करना सीखा; साथ ही, पाकिस्तान के अंदर जाने तथा बाहर निकलने के तरीके सीखे।

अगले दो वर्षों में उन्होंने पाकिस्तान में ऐसी कई यात्राएँ कीं। उनकी पहली कुछ यात्राएँ 'रॉ' के लिए थीं। उन्होंने कहा, "मैं पाकिस्तान की ओर से रणनीतिक स्थानों और सेना की तैनाती के रेखाचित्र वापस लाया।"

बलबीर के अनुसार, "सेना ने हमें कोरियर के रूप में इस्तेमाल किया, ताकि पाकिस्तानी सेना में काम करनेवालों को पैसे देकर काम कराया जा सके।"

ये मोल्स (एक जासूस, जो किसी देश की सुरक्षा के भीतर एक लंबी अवधि में एक महत्त्वपूर्ण स्थान हासिल करता है) ज्यादातर पाकिस्तानी सेना के लोग थे, जो भारत में युद्धबंदी के दौरान संपर्क में आते थे। सिंह के निशाने पर पाकिस्तानी सेना का एक कैप्टन, दो हवलदार और एक क्लर्क था।

ये मोल्स (एक जासूस, जो किसी देश की सुरक्षा के भीतर एक लंबी अवधि में एक महत्त्वपूर्ण स्थान हासिल करता है) ज्यादातर पाकिस्तानी सेना के लोग थे, जो भारत में युद्धबंदी के दौरान संपर्क में आते थे। सिंह के निशाने पर पाकिस्तानी सेना का एक कैप्टन, दो हवलदार और एक क्लर्क था।

आखिर, एक दिन बलबीर सिंह डबल क्रॉसिंग का शिकार हो गए और पकड़े गए। उनका एक मोल क्लर्क एजाज नासिर पकड़ा गया। उसने बलबीर सिंह का नाम उगल दिया। फलतः सन् 1974 में पेशावर

से उन्हें गिरफ्तार कर लिया गया, जिससे मानो उनकी दुनिया ही उजड़ गई।

अगले दो वर्ष बलबीर सिंह को एक छोटी व अँधेरी कोठरी में एकांत कारावास में रखा गया। उनके हाथ उनकी पीठ के पीछे बँधे हुए थे। उनके पास कोई अधिकार नहीं था—कोई वकील या सहानुभूति रखनेवाला जेलर नहीं था।

बलबीर सिंह ने बताया, "गिरफ्तारी के ढाई वर्ष बाद मुझे मजिस्ट्रेट के सामने पेश किया गया।" लेकिन कुछ नहीं बदला। दरअसल, सरकार की ओर से दिए गए उनके वकील ने ज्यादातर उनके खिलाफ ही दलीलें दीं।

बलबीर सिंह ने बताया, "गिरफ्तारी के ढाई वर्ष बाद मुझे मजिस्ट्रेट के सामने पेश किया गया।" लेकिन कुछ नहीं बदला। दरअसल, सरकार की ओर से दिए गए उनके वकील ने ज्यादातर उनके खिलाफ ही दलीलें दीं।

अदालत द्वारा उन्हें 10 वर्ष जेल की सजा हुई। उन्हें लाहौर की कोट लखपत जेल भेज दिया गया। जेल में पाकिस्तानी खुफिया विभाग ने उन्हें डबल एजेंट के तौर पर भरती करने की कोशिश की। बलबीर सिंह ने बताया, "उन्होंने मुझे भारत पर जासूसी करने के बदले में कश्मीर सिंह (जो एक सप्ताह पहले एक पाकिस्तानी जेल से रिहा हुए थे) के लिए पैसे और आजादी की पेशकश की।"

जेल में ही उन्हें अपने पिता की मृत्यु के बारे में पता चला। वह वर्ष 1986 तक वहाँ रहे। जब उन्हें रिहा किया गया, उनकी उम्र 38 वर्ष हो चुकी थी। भारत वापस आकर उन्हें विवाह के लिए बड़ी कठिनाई से लड़की मिली; लेकिन नौकरी मिलना उससे भी कठिन हो गया।

न तो सेना और न ही 'रॉ' ने उनकी गिरफ्तारी के बाद उनके परिवार को कुछ भी भुगतान किया।

बलबीर सिंह अदालत गए और वहाँ से केंद्र सरकार को निर्देश दिया गया कि अगले तीन महीनों में केंद्र उनके साथ समझौता करे। लेकिन उसके बाद अभी तक कुछ नहीं हुआ है। तब उन्होंने आत्महत्या करने की धमकी दी।

□

बहिरजी नाइक

छत्रपति शिवाजी महाराज अपने स्वराज्य के जासूसों की वजह से अपनी हर लड़ाई जीतते थे। इतना ही नहीं, बल्कि अपने हर शत्रु की जानकारी उन्हें उनसे ही मिलती थी, जिसके आधार पर वह अपनी योजना बनाते थे। उन सब जासूसों के प्रमुख थे बहिरजी नाइक, जिनकी हर खबर पर शिवाजी महाराज अपने हर युद्ध की व्यूह-रचना बनाते थे। इस प्रकार, बहिरजी नाइक शिवाजी महाराज और स्वराज्य की सेना की तीसरी आँख थे।

बहिरजी नाइक किले के आसपास के जंगलों में रहते थे। आजीविका के लिए वह बहुरूपी वेश बदलकर लोगों का मनोरंजन करते थे। वह वेश बदलने में माहिर थे और नकल करने में भी। बात बनाने में भी वह बहुत होशियार थे।

शिवाजी महाराज से उनकी पहली भेंट तब हुई, जब शिवाजी स्वराज्य की सैर पर निकले थे। बहिरजी अपनी कला दिखा रहे थे। उस वक्त उनका वह कौशल शिवाजी महाराज को पसंद आया और उन्होंने उसका लाभ स्वराज्य के लिए उठाना चाहा।

बहिरजी नाइक को शिवाजी महाराज ने अपने गुप्तचर विभाग में शामिल किया, जो शत्रुओं की जानकारी शिवाजी महाराज को देता था।

शिवाजी ने इसी गुप्तचर विभाग का प्रमुख बहिरजी नाइक को बनाया। इसके साथ ही वह सैन्य कमांडर भी थे।

बहिरजी नाइक का मूल नाम भैरवनाथ जाधव था। सत्रहवीं शताब्दी के उस दौर में, जब मराठा साम्राज्य और मुगल साम्राज्य संघर्षरत थे, उन्हें शिवाजी द्वारा गुप्तचरी में उनके महान् कार्यों के लिए 'नाइक' की उपाधि से सम्मानित किया गया।

बहिरजी नाइक न केवल वेश बदलने में माहिर थे, बल्कि किसी के भी मुँह से मनचाही बात उगलवाने में भी माहिर थे। वह आदिल शाह और औरंगजेब के मुँह से भी बात चुरा लेते थे, वह भी उनके महल में जाकर; और अगर आदिल शाह या औरंगजेब को पता भी चल जाता कि वह एक जासूस हैं, तब भी बहिरजी वेश बदलकर, उन्हें चकमा देकर बाहर निकल आते थे।

बहिरजी नाइक का मूल नाम भैरवनाथ जाधव था। सत्रहवीं शताब्दी के उस दौर में, जब मराठा साम्राज्य और मुगल साम्राज्य संघर्षरत थे, उन्हें शिवाजी द्वारा गुप्तचरी में उनके महान् कार्यों के लिए 'नाइक' की उपाधि से सम्मानित किया गया।

कहा जाता है कि जब आदिल शाह के एक सेनापति अफजल खाँ ने बहिरजी को पकड़ने के लिए मराठा साम्राज्य की ओर रवाना हुआ तो बहिरजी ने प्रमुख ध्वजवाहक हाथियों को जहर दे दिया। इससे दुश्मन ने अपनी खोज छोड़ दी, क्योंकि तब ध्वज धारण करनेवाले हाथी की मृत्यु को अपशकुन माना जाता था।

शिवाजी की कई आश्चर्यजनक विजयों और पलायन में बहिरजी एक प्रमुख व्यक्ति थे। एक छोटी सेना होने के बावजूद शिवाजी ने औरंगजेब की वित्तीय राजधानी सूरत पर दो बार हमला किया—एक बार

सन् 1664 में और बाद में 1670 में। औरंगजेब के कब्जे के वर्षों के दौरान शिवाजी के नागरिकों द्वारा किए गए खर्च तथा पीड़ा व कष्टों के लिए मुआवजे के रूप में उसकी अधिकांश संपत्ति ले ली और सूरत के किसी भी आम नागरिक पर हमला या लूट नहीं हुई।

शिवाजी आगरा में औरंगजेब की कैद से भाग निकले, भले ही कैदखाना 1,000 मजबूत सैनिकों से घिरा था; और बाद में औरंगजेब के राज्य से होकर अपने मराठा राज्य तक लगभग 700 मील की यात्रा की। इन सबके पीछे भी बहिरजी का ही दिमाग था, क्योंकि वह जगह-जगह शिवाजी का वेश बदल दिया करते थे।

शिवाजी आगरा में औरंगजेब की कैद से भाग निकले, भले ही कैदखाना 1,000 मजबूत सैनिकों से घिरा था; और बाद में औरंगजेब के राज्य से होकर अपने मराठा राज्य तक लगभग 700 मील की यात्रा की। इन सबके पीछे भी बहिरजी का ही दिमाग था, क्योंकि वह जगह-जगह शिवाजी का वेश बदल दिया करते थे।

बहिरजी न केवल एक जासूस थे, बल्कि एक कुशल सैनिक भी थे। वह तलवारबाजी और दान पट्टा चलाने में माहिर थे। वह हर घटना के बारे में बहुत ध्यान से सोचते थे। कौन शत्रु का जासूस है? वह जासूस क्या करता है? वह इसके बारे में भी गोपनीय जानकारी रखते थे। दुश्मन तक गलत अफवाहें कैसे पहुँचानी हैं, बहिरजी यह भी अच्छे से जानते थे और यह काम वह तथा उनके गुप्तचर विभाग के लोग बड़ी सफाई से करते थे।

बहिरजी नाइक केवल शत्रु की ही नहीं, बल्कि स्वराज्य की भी हरेक जानकारी के बारे में शिवाजी महाराज तक खबर पहुँचाते थे।

शिवाजी महाराज के इस गुप्तचर विभाग में लगभग 4,000 से 6,000 सैनिक थे, जो शिवाजी महाराज की सेना के खास सिपाही थे; क्योंकि उनसे मिली महत्त्वपूर्ण जानकारी के बिना उनकी हर लड़ाई नाकाम हो सकती थी। उन जासूसों की जानकारी के आधार पर ही शिवाजी महाराज अपनी लड़ाई की चाल तय करते थे। उन 6,000 लोगों का नेतृत्व 6 लोग करते थे और उन 6 लोगों के प्रमुख बहिरजी नाइक थे। वे सारे लोग बीजापुर, दिल्ली, कर्नाटक, पुणे, सूरत आदि जगहों पर फैले हुए थे।

बहिरजी के गुप्तचर विभाग की कोई भाषा नहीं थी। उस विभाग के जासूस पक्षियों की आवाज से अपने लोगों तक जानकारियाँ पहुँचाते थे, ताकि उनका पता शत्रुओं को न लग सके। शिवाजी महाराज किस मुहिम पर जा रहे हैं, इस बात की जानकारी वह सबसे पहले बहिरजी को देते थे और फिर वह तथा उनके लोग वहाँ की क्षेत्रीय एवं शत्रु की हर एक बात व चाल का पता लगाते थे और वह खबर शिवाजी महाराज तक जल्द-से-जल्द पहुँचाते थे।

शिवाजी महाराज के इस गुप्तचर विभाग में लगभग 4,000 से 6,000 सैनिक थे, जो शिवाजी महाराज की सेना के खास सिपाही थे; क्योंकि उनसे मिली महत्त्वपूर्ण जानकारी के बिना उनकी हर लड़ाई नाकाम हो सकती थी।

बहिरजी नाइक के व्यक्तित्व के बारे में एक और दिलचस्प बात थी। वह हर जगह हर वक्त अलग-अलग वेश में जाते थे। इसलिए, वह जब भी कभी शिवाजी महाराज से मिलने जाते, तब किसी अलग रूप में ही होते और उन्हें सिर्फ शिवाजी महाराज ही पहचान पाते थे। शिवाजी महाराज के दरबारियों को भी पता नहीं चलता था कि वह बहिरजी नाइक हैं।

बहिरजी नाइक का जन्म अहमदनगर के शिंगवे नामक गाँव में

हुआ था। उनके प्रारंभिक जीवन के बारे में ज्यादा कुछ पता नहीं है, सिवाय इसके कि शिवाजी की सेना में एक जासूस के रूप में उनके अभियानों एवं कारनामों ने मराठा साम्राज्य की सफलता में बहुत योगदान दिया। इतिहास की किसी पुस्तक में उनके रंग-रूप के बारे में कुछ भी नहीं लिखा गया है। उनके सिर्फ नाम की चर्चा है। उनकी मृत्यु के बारे में आज तक कोई खबर नहीं मिली है। कई लोगों का मानना है कि भूपालगढ़ (बानूर, महाराष्ट्र) में जासूसी करते समय उनकी मृत्यु हो गई। कइयों का यह दावा है कि लड़ाई में जख्मी होने पर भोपालगढ़ आने के बाद महादेव मंदिर में महादेव के चरणों में उन्होंने अपने प्राण त्याग दिए।

बहिरजी नाइक का जन्म अहमदनगर के शिंगवे नामक गाँव में हुआ था। उनके प्रारंभिक जीवन के बारे में ज्यादा कुछ पता नहीं है, सिवाय इसके कि शिवाजी की सेना में एक जासूस के रूप में उनके अभियानों एवं कारनामों ने मराठा साम्राज्य की सफलता में बहुत योगदान दिया।

'गुप्तचर' का अर्थ होता है—गुमनाम रहकर काम करनेवाला व्यक्ति। जब तक एक जासूस गुमनाम रहता है, तब तक वह सफल होता है और बहिरजी नाइक आखिर तक गुमनाम रहे।

महाराष्ट्र के सांगली जिले के खानपुर तालुका में बानुरगढ़ किला स्थित है। उस किले में बहिरजी नाइक की समाधि है। इससे यह तो सिद्ध होता है कि बहिरजी नाइक थे। कहना होगा कि उनके जैसा जासूस न कभी हुआ है और न कभी होगा।

□

भगतराम तलवार

द्वितीय विश्व युद्ध के एकमात्र जासूस भगतराम तलवार (कोड नेम : सिल्वर) ने जर्मनी, इटली, जापान, रूस और ब्रिटेन—पाँच देशों के लिए एक साथ काम किया!

द्वितीय विश्व युद्ध में संघर्ष की सबसे नाटकीय कहानियाँ उस समय की महान् लड़ाइयों के इर्द-गिर्द घूमती हैं; हालाँकि, ये महान् जीतें निस्संदेह विस्मयकारी हैं, वे सैकड़ों गुप्त एजेंटों के अथक एवं वीरतापूर्ण प्रयासों के बिना संभव नहीं होतीं, जिन्होंने हर कदम पर दुश्मन के प्रयासों को कमजोर करने में महत्त्वपूर्ण भूमिका निभाई।

छल-कपट का कठिन, खतरनाक और अकसर अकेले जीवन जीना—ये गुप्त एजेंट वास्तव में उल्लेखनीय थे। लेकिन उनमें से सबसे उल्लेखनीय जासूस एक अल्प ज्ञात भारतीय भगतराम तलवार थे।

सन् 1908 में ब्रिटिश भारत के उत्तर-पश्चिमी सीमांत प्रांत में जनमे भगतराम तलवार पंजाबी वंश के एक धनी परिवार में पले-बढ़े। उनके पिता, जो कभी ब्रिटिश अधिकारियों के मित्र थे, सन् 1919 के भयानक जलियाँवाला बाग हत्याकांड के बाद औपनिवेशिक शासन के खिलाफ हो गए। लगभग एक दशक बाद, भगतराम तलवार के भाई हरि किशन को अंग्रेजों ने पंजाब के गवर्नर की हत्या के प्रयास के लिए फाँसी दे दी।

इससे क्षुब्ध होकर भगतराम तलवार ने सरदार भगत सिंह द्वारा स्थापित एवं पंजाब स्थित कम्युनिस्ट आंदोलन के एक गुट 'कीर्ति किसान पार्टी' के प्रति अपनी निष्ठा की प्रतिज्ञा की और क्रांतिकारी गतिविधियों में भाग लेने लगे। वर्ष 1941 में उन्हें ब्रिटिश क्षेत्र से एक व्यक्ति को बाहर निकालने का काम सौंपा गया। वह व्यक्ति कोई और नहीं, बल्कि नेताजी सुभाष चंद्र बोस थे।

इसके बाद साहसिक कारनामों की एक श्रृंखला शुरू हुई, जिसमें सुभाष चंद्र बोस एक बहरे व गूँगे मुसलिम तीर्थयात्री मोहम्मद जियाउद्दीन बने और भगतराम तलवार ने उनके सचिव रहमत खाँ होने का नाटक किया।

इससे क्षुब्ध होकर भगतराम तलवार ने सरदार भगत सिंह द्वारा स्थापित एवं पंजाब स्थित कम्युनिस्ट आंदोलन के एक गुट 'कीर्ति किसान पार्टी' के प्रति अपनी निष्ठा की प्रतिज्ञा की और क्रांतिकारी गतिविधियों में भाग लेने लगे।

मॉस्को पहुँचने की मूल योजना विफल होने के बाद दोनों अंततः अप्रैल 1941 में बर्लिन पहुँचे, ताकि सुभाष चंद्र बोस भारत को ब्रिटिश शासन से मुक्त कराने में हिटलर से मदद माँग सकें।

यहीं पर भगतराम तलवार के पास एक विशेष क्षण था, जब उन्होंने गुप्त अभियानों के लिए अपनी सहज आत्मीयता की खोज की। इसलिए, जब बोस ने उन्हें अपने भारतीय एजेंट के रूप में जर्मन राजनयिकों से मिलवाया तो भगतराम के लिए यह काफी आकस्मिक घटना साबित हुई, जिसने धुरी राष्ट्रों के लिए जासूस बनने का उनका सपना तोड़ दिया।

जर्मनों ने भगतराम तलवार की दुर्गम जानकारी को खोजने की

क्षमता पर आश्चर्य व्यक्त करते हुए उन्हें एक ट्रांसमीटर-रिसीवर सेट दिया, जासूसी में प्रशिक्षण दिया और उन्हें पारिश्रमिक का भुगतान किया। उनके काम में आदिवासी क्षेत्र से यात्रा करना और ब्रिटेन व अफगानिस्तान दोनों के सुरक्षा कर्मियों को चकमा देना शामिल था। वास्तव में, युद्ध के अंत तक जर्मनों ने उन्हें लगभग 25 लाख पाउंड का भुगतान किया और उन्हें नाजी जर्मनी के सर्वोच्च सैन्य पदक 'आयरन क्रॉस' से सम्मानित किया।

हालाँकि, उन्हें यह नहीं पता था कि भगतराम तलवार उन्हें बड़े पैमाने पर बेवकूफ बना रहे थे। हृदय से कम्युनिस्ट भगतराम की फासीवादियों की मदद करने की कोई वास्तविक इच्छा नहीं थी। इसलिए, जर्मनी द्वारा सोवियत संघ पर आक्रमण करने के बाद उन्होंने काबुल में रूसियों से संपर्क किया और एक ट्रिपल एजेंट बन गए, जो जर्मन खुफिया जानकारी को मॉस्को तक पहुँचा रहे थे।

हृदय से कम्युनिस्ट भगतराम की फासीवादियों की मदद करने की कोई वास्तविक इच्छा नहीं थी। इसलिए, जर्मनी द्वारा सोवियत संघ पर आक्रमण करने के बाद उन्होंने काबुल में रूसियों से संपर्क किया और एक ट्रिपल एजेंट बन गए, जो जर्मन खुफिया जानकारी को मॉस्को तक पहुँचा रहे थे।

बाद में, जब सोवियत संघ ने ब्रिटेन के स्पेशल ऑपरेशन एक्जीक्यूटिव (एस.ओ.ई.) के साथ एक असामान्य करार किया, भगतराम तलवार ने ब्रिटेन के लिए भी गुप्त अभियान शुरू किया। वह एकमात्र जासूस थे, जिन्हें रूस जासूसी में साझा करने के लिए सहमत हुआ।

दिलचस्प बात यह है कि उनके ब्रिटिश नियंत्रण अधिकारी पीटर

फ्लेमिंग ('जेम्स बॉण्ड' निर्माता इयान फ्लेमिंग के भाई) थे और वह फ्लेमिंग ही थे, जिन्होंने उन्हें कोड नेम 'सिल्वर' दिया था।

फ्लेमिंग की मदद और जर्मनों द्वारा प्रदान किए गए ट्रांसमीटर के साथ भगतराम तलवार ने दिल्ली में वायसराय पैलेस के बगीचों से बर्लिन में जर्मन खुफिया मुख्यालय में प्रतिदिन काल्पनिक जानकारियाँ प्रसारित करनी शुरू कर दीं। बाद में, जब जर्मनी ने सैन्य अभियानों पर इटली और जापान के साथ समन्वय करना शुरू किया तो उसने इतालवी और जापानियों को भी झूठी खुफिया जानकारियाँ देना शुरू कर दिया।

फ्लेमिंग की मदद और जर्मनों द्वारा प्रदान किए गए ट्रांसमीटर के साथ भगतराम तलवार ने दिल्ली में वायसराय पैलेस के बगीचों से बर्लिन में जर्मन खुफिया मुख्यालय में प्रतिदिन काल्पनिक जानकारियाँ प्रसारित करनी शुरू कर दीं।

वर्ष 1945 तक उन्होंने एक साथ ब्रिटेन, रूस, जर्मनी, इटली और जापान के लिए जासूसी की; हालाँकि, उनकी सच्ची निष्ठा भारत और उसकी घरेलू कम्युनिस्ट पार्टी के साथ थी। वास्तव में, वह एक 'क्विंटुपल जासूस' थे, शायद आधुनिक समय में ऐसे एकमात्र एजेंट थे—एक साथ पाँच देशों के लिए जासूसी करनेवाले।

वर्ष 1945 के अंत में, जब युद्ध समाप्त हुआ तो भगतराम तलवार की भूमिका भी समाप्त हो गई। ब्रिटिशों द्वारा प्राप्त मोटी रकम को इकट्ठा करने के बाद (अन्य देशों से पहले से ही प्राप्त धन को जोड़कर) वह उत्तर-पश्चिमी सीमांत प्रांत के जंगलों में गायब हो गए। वह विभाजन के बाद ही वहाँ से वापस लौटे और उत्तर प्रदेश में बस गए, जहाँ सन् 1983 में उनका देहावसान हो गया।

□

मोहनलाल भास्कर

मोहनलाल भास्कर भारतीय खुफिया एजेंसी 'रॉ' के लिए अंडरकवर एजेंट का काम कर रहे थे, जब उन्हें पाकिस्तान द्वारा एक काउंटर-इंटेलिजेंस ऑपरेशन में गिरफ्तार किया गया। वे वर्ष 1967 से 1974 तक पाकिस्तान की विभिन्न जेलों में रहे। बाद में, पाकिस्तानी प्रधानमंत्री जुल्फिकार अली भुट्टो और भारतीय प्रधानमंत्री इंदिरा गांधी द्वारा शिमला समझौते पर हस्ताक्षर करने के बाद उन्हें और उनके दर्जनों साथी भारतीय जासूसों को भारत के साथ कैदी विनिमय के हिस्से के रूप में रिहा कर दिया गया। भास्कर का मिशन पाकिस्तान के परमाणु कार्यक्रम के बारे में खुफिया जानकारियाँ इकट्ठा करना था।

मोहनलाल भास्कर का जन्म सन् 1942 में पंजाब के अबोहर में हुआ। उनका शुरुआती जीवन संघर्ष के साथ शुरू हुआ। जब उन्होंने होश सँभाला तो अपने कॅरियर की शुरुआत एक मजदूर और अखबार बाँटनेवाले के रूप में की; हालाँकि, इस संघर्ष में भी उन्होंने अपनी पढ़ाई जारी रखी। उन्होंने एम.ए. एवं बी.एड. की पढ़ाई पूरी की और सिक्किम सरकार के शिक्षक प्रशिक्षण संस्थान के वाइस-प्रिंसिपल बने। इसके अलावा, सन् 1961 में वह 'धारका' के संपादक और 1962 में 'गांडीव' हिंदी दैनिक के उप-संपादक बने।

हमेशा से अपने अंदर देशभक्ति की भावना रखनेवाले मोहनलाल भास्कर की यह भावना उस समय उबलने लगी, जब सन् 1965 में पाकिस्तान से जंग छिड़ी। पाकिस्तानी सीमा से सटे इलाके में पैदा होने के कारण उनके अंदर यह जिज्ञासा हमेशा से रही कि पाकिस्तान में क्या हो रहा होगा? सन् 1965 की जंग में उनकी इस जिज्ञासा में और तेजी आई। इसी दौरान उन्होंने शहीद भगत सिंह की समाधि पर लगनेवाले मेले में उन्हें समर्पित ये पंक्तियाँ पढ़ीं—

तेरे लहू में सपचा है, अनाज हमने खाया।
ये जज्बा-ए-शहादत है, उसी से हम में आया॥

इन पंक्तियों पर मोहनलाल को खूब वाहवाही मिली। मोहनलाल जब मंच से नीचे उतरे तो एक शख्स उनके पास आया, जो देखने से ही कोई अधिकारी लग रहा था। उसने मोहनलाल से कहा, "भास्कर साहब, देश के लिए कविताएँ पढ़ना बहुत आसान है, मरना बहुत कठिन। क्या वाकई आप में भगत सिंह वाला जवानी से भरा शहादत का भाव है?"

इतना सुनते ही मोहनलाल तैश में आ गए और उस शख्स से बोले, "साहब, जब कभी सीमा पर गोली चले तो बुला लेना, आपसे चार कदम आगे चलूँगा; और अगर भागने लगूँ तो गोली मार देना।

इतना सुनते ही मोहनलाल तैश में आ गए और उस शख्स से बोले, "साहब, जब कभी सीमा पर गोली चले तो बुला लेना, आपसे चार कदम आगे चलूँगा; और अगर भागने लगूँ तो गोली मार देना। ...देश के लिए कहीं भी आपको मेरी जरूरत पड़े तो जिस्मो-जाँ हाजिर है।" यह सारी वार्त्ता मोहनलाल की आत्मकथा में दर्ज है। लेकिन देशहित में उन्होंने यह नहीं बताया कि उन्हें प्रेरित करनेवाला

वह शख्स कौन था। हाँ, लेकिन यह बात तय है कि यहीं से एक लेखक जासूस बनने की राह पर निकल पड़ा।

इसके बाद मोहनलाल भास्कर रिसर्च एंड एनालिसिस विंग, यानी 'रॉ' से जुड़े और अपने मिशन को पूरा करने पाकिस्तान चले गए। मोहनलाल भास्कर की पुस्तक में बताया गया कि वह पाकिस्तान में 'मोहम्मद असलम' बनकर रहने लगे। इस दौरान उन्होंने खुद को पाकिस्तान के लोगों के बीच ढालने के लिए अपना रहन-सहन बिल्कुल वैसा ही कर लिया था; और तो और, उन्होंने खतना तक कराया था। भास्कर को पाकिस्तान के परमाणु कार्यक्रम की जानकारी इकट्ठा करनी थी।

इसके बाद मोहनलाल भास्कर रिसर्च एंड एनालिसिस विंग, यानी 'रॉ' से जुड़े और अपने मिशन को पूरा करने पाकिस्तान चले गए। मोहनलाल भास्कर की पुस्तक में बताया गया कि वह पाकिस्तान में 'मोहम्मद असलम' बनकर रहने लगे।

एक अखबारी रिपोर्ट के अनुसार, मोहनलाल भास्कर ने अप्रैल 1967 में मिलिटरी इंटेलिजेंस जॉइन की। उन्होंने दावा किया था कि अपनी सेवा के पहले 15 महीनों में उन्होंने 16 बार घुसपैठ की थी। वर्ष 1967 से पाकिस्तान में मोहनलाल बड़ी होशियारी से भारत के लिए जासूसी मिशन को अंजाम दे रहे थे। लेकिन वह जल्द ही गद्दारी के शिकार हो गए। सन् 1968 में पाकिस्तान में भास्कर एक काउंटर-इंटेलिजेंस ऑपरेशन से जुड़े थे। इसी दौरान अमरीक सिंह नामक एक डबल एजेंट ने उनके साथ गद्दारी कर दी। अमरीक भारत व पाकिस्तान दोनों के लिए जासूसी कर रहा था। इसी गद्दारी के कारण मोहनलाल पकड़े गए।

पकड़े जाने के बाद भास्कर पर जासूसी का आरोप लगाकर उन्हें

जेल भेज दिया गया। उन्हें बहुत बुरी तरह प्रताड़ित किया गया। भास्कर ने अपनी पुस्तक में जेल में कैदियों को दी जानेवाली यातनाओं के बारे में कई बातें साझा की हैं। पाकिस्तान में एक बंदी के रूप में रहते हुए उन्हें बारी-बारी से लाहौर, कोट लखपत, मियाँवाली और मुल्तान की जेलों में कैद रखा गया। उन्होंने दावा किया था कि उनकी मुलाकात कोट लखपत जेल में पाकिस्तान के पूर्व प्रधानमंत्री जुल्फिकार अली भुट्टो से हुई थी। इसके साथ ही, भास्कर ने यह भी बताया था कि वर्ष 1971 के दौरान जब उन्हें मियाँवाली जेल में भेजा गया तो वह बँगलादेश के संस्थापक कहे जानेवाले शेख मुजीब उर रहमान से भी मिले थे।

'मोहनलाल' नाम के कारण उन्हें पाकिस्तान से रिहा करने में मुश्किल आई। एक रिपोर्ट के अनुसार, सन् 1971 के युद्ध के बाद शिमला समझौते के तहत मोहनलाल भास्कर जैसे कैदियों की स्वदेश-वापसी को सुनिश्चित मान लिया गया था, लेकिन उनका नाम उनके लिए एक और मुसीबत खड़ी कर गया। दरअसल, भारत की तरफ से अपने जासूस 'सोहनलाल भास्कर' की माँग की जा रही थी; लेकिन पाकिस्तान बार-बार कह रहा था कि उनके पास कोई 'सोहनलाल भास्कर' नहीं है। हाँ, लेकिन पाकिस्तान ने यह माना कि उसके पास 'मोहनलाल भास्कर' नामक एक सजायाफ्ता जासूस

'मोहनलाल' नाम के कारण उन्हें पाकिस्तान से रिहा करने में मुश्किल आई। एक रिपोर्ट के अनुसार, सन् 1971 के युद्ध के बाद शिमला समझौते के तहत मोहनलाल भास्कर जैसे कैदियों की स्वदेश-वापसी को सुनिश्चित मान लिया गया था, लेकिन उनका नाम उनके लिए एक और मुसीबत खड़ी कर गया।

था। इधर, भारतीय अधिकारी जिस व्यक्ति को वापस चाहते थे, वह 'सोहनलाल भास्कर' था।

ऐसे में, सुप्रसिद्ध हिंदी साहित्यकार श्री हरिवंश राय बच्चन मोहनलाल के लिए देवदूत बने। मोहनलाल को बच्चन उनके काव्य के प्रति प्रेम के कारण जानते थे। हरिवंश राय बच्चन उन दिनों स्विस दूतावास में कार्यरत थे और स्विस प्रत्यावर्तन में प्रमुख भूमिका निभा रहे थे। आखिरकार, 9 दिसंबर, 1974 को मोहनलाल भास्कर भारत लौट आए।

पाकिस्तान में बिताए अपने पूरे सफर को भास्कर ने एक पुस्तक के रूप में उतारा था, जिसका नाम 'एन इंडियन स्पाई इन पाकिस्तान' रखा गया। बता दें कि मोहनलाल भास्कर ने हरिवंश राय बच्चन के अहसान को नहीं भुलाया और अपनी यह पुस्तक उन्हीं को समर्पित की। इस पुस्तक के अंग्रेजी अनुवाद का नाम 'एन इंडियन स्पाई इन पाकिस्तान' है। इसे सन् 1983 में प्रकाशित किया गया। पुस्तक की भूमिका प्रसिद्ध लेखक खुशवंत सिंह ने लिखी थी।

पाकिस्तान में बिताए अपने पूरे सफर को भास्कर ने एक पुस्तक के रूप में उतारा था, जिसका नाम 'एन इंडियन स्पाई इन पाकिस्तान' रखा गया। बता दें कि मोहनलाल भास्कर ने हरिवंश राय बच्चन के अहसान को नहीं भुलाया और अपनी यह पुस्तक उन्हीं को समर्पित की।

भास्कर ने अपनी पुस्तक में कई हिरासत एवं पूछताछ केंद्रों में एक कैदी के रूप में अपने इलाज और जासूसी के आरोप में अपने मुकदमे का वर्णन किया है। कई जगहों पर उन्हें कुछ बहुत ही दयालु जेलर और साथी पाकिस्तानी कैदी मिले; लेकिन साथ ही कैद के दौरान उन्हें

सुविधाओं का बहुत अभाव झेलना पड़ा। इस दौरान घृणा और यातना की याद भी भुलाए नहीं भूलती है। उन्हें जो उपचार दिया गया, वह आधिकारिक नीति के उलट उन व्यक्तियों पर निर्भर करता था, जिनसे उनका सामना होता था।

ढाई वर्ष तक भास्कर के परिवार, जिसमें उनकी पत्नी भी शामिल थीं, को न तो उनके ठिकाने के बारे में कोई जानकारी थी और न ही यह आभास था कि उनके परिवार में से एक व्यक्ति जासूस बनकर देश की सेवा कर रहा था।

ढाई वर्ष तक भास्कर के परिवार, जिसमें उनकी पत्नी भी शामिल थीं, को न तो उनके ठिकाने के बारे में कोई जानकारी थी और न ही यह आभास था कि उनके परिवार में से एक व्यक्ति जासूस बनकर देश की सेवा कर रहा था।

मोहनलाल की पत्नी प्रभा भास्कर ने आरोप लगाया कि भारत सरकार उनके परिवार की उचित देखभाल नहीं कर रही थी। अपनी वापसी के बाद भी भास्कर को जेल में बिताए गए समय के लिए वेतन पाने के लिए संघर्ष करना पड़ा और अंततः, सन् 1977 में प्रसिद्ध कांग्रेसी नेता बलराम जाखड़ के हस्तक्षेप के बाद उन्हें 28,000 रुपए मिले। 22 दिसंबर, 2004 को मोहनलाल भास्कर का निधन हो गया।

□

रवींद्र कौशिक

'द ब्लैक टाइगर' के नाम से प्रसिद्ध रवींद्र कौशिक को भारत के अब तक के सबसे अच्छे जासूसों में से एक माना जाता है। 'रॉ' के सबसे अच्छे एजेंटों में से एक रवींद्र कौशिक को भारत के लिए उनके बहुमूल्य योगदान के लिए तत्कालीन प्रधानमंत्री इंदिरा गांधी द्वारा 'द ब्लैक टाइगर' की उपाधि दी गई थी। उन्होंने पाकिस्तानी सशस्त्र बलों के कमीशंड अधिकारी रैंक में सफलतापूर्वक प्रवेश किया। उन्होंने वर्ष 1979 से 1983 तक पाकिस्तान के खिलाफ 'रॉ' के लिए जासूसी की।

रवींद्र कौशिक का जन्म 11 अप्रैल, 1952 को श्रीगंगानगर, राजस्थान में एक ब्राह्मण परिवार में हुआ। उन्होंने स्नातक की पढ़ाई भी वहीं से पूरी की।

रवींद्र को श्रीगंगानगर के सेठ जी.एल. बिहाणी कॉलेज में अध्ययन के दौरान एक करिश्माई छात्र के रूप में याद किया जाता है। उन्हें नाटक और मिमिक्री में विशेष रुचि थी। 21 वर्ष की उम्र में उन्होंने लखनऊ में एक राष्ट्रीय नाट्य समारोह में उत्कृष्ट प्रदर्शन किया।

यह कॉलेज में उनका मोनो-एक्ट था, जिसमें उन्होंने एक भारतीय सैन्य अधिकारी की भूमिका निभाई थी, जिसने चीन को जानकारी देने से इनकार कर दिया था, जिसे 'रिसर्च एंड एनालिसिस विंग' (RAW) के

अधिकारियों ने देखा और उनसे संपर्क किया गया तथा उन्हें पाकिस्तान में अंडरकवर ऑपरेटिव होने की नौकरी की पेशकश की गई।

वर्ष 1973 में अपनी बी.कॉम. की डिग्री पूरी करने के बाद रवींद्र ने अपने पिता से कहा कि वह एक नई नौकरी शुरू करने के लिए दिल्ली जा रहे हैं। वास्तव में, वह 'रॉ' के साथ अपनी दो वर्ष की प्रशिक्षण अवधि शुरू करने वाले थे।

वर्ष 1973 में अपनी बी.कॉम. की डिग्री पूरी करने के बाद रवींद्र ने अपने पिता से कहा कि वह एक नई नौकरी शुरू करने के लिए दिल्ली जा रहे हैं। वास्तव में, वह 'रॉ' के साथ अपनी दो वर्ष की प्रशिक्षण अवधि शुरू करने वाले थे।

रवींद्र कौशिक को दो वर्ष तक दिल्ली में व्यापक प्रशिक्षण दिया गया। उनका खतना कराया गया, ताकि वह एक मुसलमान लगें। उन्हें उर्दू सिखाई गई, इसलामी धार्मिक शिक्षा दी गई और पाकिस्तान की भौगोलिक जानकारी एवं अन्य विवरणों से परिचित कराया गया। पंजाब के साथ राजस्थान की सीमा के पास एक शहर श्रीगंगानगर से होने के कारण वह पंजाबी अच्छी तरह से जानते थे, जिसे पंजाब एवं पाकिस्तान में भी व्यापक रूप से समझा जाता है।

कौशिक को कवर नाम 'नबी अहमद शाकिर' दिया गया। उनके सभी आधिकारिक भारतीय रिकॉर्ड वर्ष 1975 तक नष्ट कर दिए गए, जब वे पाकिस्तान गए और इसलामाबाद के रहनेवाले 'नबी अहमद शाकिर' के नाम से जाने गए। कराची विश्वविद्यालय से एल-एल.बी. की डिग्री पूरी करने के बाद वह पाकिस्तानी सेना के सैन्य लेखा विभाग में एक कमीशंड अधिकारी के रूप में शामिल हो गए। बाद में उन्हें मेजर

के पद पर पदोन्नत किया गया।

पाकिस्तान में एक सम्मानित स्थान हासिल करने के बाद रवींद्र ने वर्ष 1979 और 1983 के बीच भारतीय रक्षा अधिकारियों को कई गोपनीय जानकारियाँ दीं, जिससे देश को बढ़ते संघर्ष के समय में महत्त्वपूर्ण लाभ मिले।

थोड़े समय बाद ही उन्होंने 'अमानत' नाम की एक स्थानीय लड़की से शादी कर ली, जो सेना की एक यूनिट में एक दरजी की बेटी थी। इस दंपती के एक लड़का हुआ, जिसकी वर्ष 2012-13 में असामयिक मृत्यु हो गई।

पाकिस्तान में एक सम्मानित स्थान हासिल करने के बाद रवींद्र ने वर्ष 1979 और 1983 के बीच भारतीय रक्षा अधिकारियों को कई गोपनीय जानकारियाँ दीं, जिससे देश को बढ़ते संघर्ष के समय में महत्त्वपूर्ण लाभ मिले।

वर्ष 1979 से 1983 तक एक पाक सैन्य अधिकारी के रूप में काम करते हुए उन्होंने 'रॉ' को बहुमूल्य जानकारियाँ दीं, जिनसे भारत को बहुत मदद मिली।

सितंबर 1983 में 'रॉ' ने कौशिक से संपर्क करने के लिए एक निम्न-स्तरीय ऑपरेटिव इनायत मसीह को भेजा; हालाँकि, मसीह को पाकिस्तान के आई.एस.आई. के जॉइंट काउंटर इंटेलिजेंस ब्यूरो ने पकड़ लिया और इस प्रकार रवींद्र कौशिक की वास्तविकता जग-जाहिर हो गई। इनायत मसीह ने पाकिस्तानी बलों द्वारा पूछताछ के दौरान अपने काम की वास्तविक प्रकृति का खुलासा कर दिया।

पाकिस्तानी खुफिया अधिकारियों के निर्देश पर मसीह ने 29 वर्षीय

रवींद्र को एक पार्क में मिलने के लिए बुलाया, जहाँ से उन्हें जासूसी के आरोप में गिरफ्तार कर लिया गया। अगले दो वर्ष तक उन्हें सियालकोट के एक पूछताछ केंद्र में जानकारी के लिए प्रताड़ित किया गया।

वर्ष 1985 में पाकिस्तानी सुप्रीम कोर्ट ने रवींद्र कौशिक को मौत की सजा सुनाई; लेकिन बाद में उनकी सजा को आजीवन कारावास में बदल दिया गया। उन्हें 16 वर्ष तक सियालकोट, कोट लखपत और मियाँवाली समेत कई जेलों में रखा गया था, फिर भी वह गुप्त रूप से अपने परिवार को कम-से-कम आधा दर्जन पत्र लिखने में कामयाब रहे, जिसमें उन्होंने अपने समय की सेवा के दौरान हुई दर्दनाक घटनाओं का विवरण दिया। इससे उनकी खराब सेहत और पाकिस्तानी जेलों में उन पर हुए अत्याचारों का पता चला। अपने एक पत्र में उन्होंने लिखा—

> ***'क्या भारत जैसे बड़े देश के लिए अपने प्राणों की आहुति देनेवालों को यही मिलता है ?'***
> ***'अगर मैं एक अमेरिकी होता तो मैं तीन दिनों में इस जेल से बाहर हो जाता।'***

'क्या भारत जैसे बड़े देश के लिए अपने प्राणों की आहुति देनेवालों को यही मिलता है ?'

'अगर मैं एक अमेरिकी होता तो मैं तीन दिनों में इस जेल से बाहर हो जाता।'

नवंबर 2001 में पाकिस्तान में मियाँवाली सेंट्रल जेल में तपेदिक एवं हृदय रोग के कारण उनकी मृत्यु हो गई। मरने से ठीक तीन दिन पहले उन्होंने लिखा—

'हमें पैसा नहीं, पहचान चाहिए।'

जयपुर में रवींद्र कौशिक के परिवार को कोट लखपत जेल अधीक्षक

द्वारा भेजे गए एक पत्र में उनकी मृत्यु की सूचना दी गई, जिसके बाद उनके पिता—जो एक सेवानिवृत्त भारतीय वायु सेना अधिकारी थे—की हृदय गति रुकने से मृत्यु हो गई।

एक रिपोर्ट के अनुसार, रवींद्र के भाई राजेश्वरनाथ और माँ अमला देवी ने उनकी रिहाई में सहायता के लिए भारत सरकार को कई पत्र लिखे; हालाँकि, विदेश मंत्रालय द्वारा एक नीरस प्रतिक्रिया के साथ वे सभी अनुत्तरित हो गए—'उनका मामला पाकिस्तान के साथ उठाया गया है।'

अमला देवी ने तत्कालीन प्रधानमंत्री अटल बिहारी वाजपेयी को भेजे एक पत्र में लिखा था—'अगर उनका पर्दाफाश नहीं हुआ होता तो वह अब तक पाकिस्तान सरकार के एक वरिष्ठ सैन्य अधिकारी होते और आनेवाले वर्षों में गुप्त रूप से भारत की सेवा करते।'

एक रिपोर्ट के अनुसार, रवींद्र के भाई राजेश्वरनाथ और माँ अमला देवी ने उनकी रिहाई में सहायता के लिए भारत सरकार को कई पत्र लिखे; हालाँकि, विदेश मंत्रालय द्वारा एक नीरस प्रतिक्रिया के साथ वे सभी अनुत्तरित हो गए—'उनका मामला पाकिस्तान के साथ उठाया गया है।'

26 वर्ष अपनी मातृभूमि से दूर रहने के बावजूद रवींद्र कौशिक को उनके बलिदान के लिए कभी भी आधिकारिक स्वीकृति नहीं मिली। राजेश्वरनाथ ने कहा, "हम सरकार से जो चाहते हैं, वह एजेंटों द्वारा योगदान की मान्यता पाना है, क्योंकि वे सुरक्षा-प्रणाली की वास्तविक नींव हैं।"

रवींद्र कौशिक के परिवार के अनुसार, भारत सरकार ने उन्हें पहचानने से इनकार कर दिया और उनकी मदद के लिए कोई प्रयास नहीं किया।

रवींद्र कौशिक के परिवार ने दावा किया कि वर्ष 2012 में रिलीज हुई प्रसिद्ध बॉलीवुड फिल्म 'एक था टाइगर' की कहानी रवींद्र कौशिक के जीवन पर आधारित थी और उन्होंने उनके लिए फिल्म के शीर्षक में क्रेडिट माँगा।

रवींद्र कौशिक का जन्म और पालन-पोषण पाकिस्तान के साथ अंतरराष्ट्रीय सीमा के करीब एक शहर श्रीगंगानगर में हुआ। उनके पिता जे.एम. कौशिक ने भारतीय वायु सेना में सेवा की और अपनी सेवानिवृत्ति के बाद उन्होंने एक स्थानीय कपड़ा मिल में काम करना शुरू किया।

रवींद्र कौशिक के परिवार ने दावा किया कि वर्ष 2012 में रिलीज हुई प्रसिद्ध बॉलीवुड फिल्म 'एक था टाइगर' की कहानी रवींद्र कौशिक के जीवन पर आधारित थी और उन्होंने उनके लिए फिल्म के शीर्षक में क्रेडिट माँगा।

यह परिवार श्रीगंगानगर में मिल के पास पुराने शहर में रहता था। श्रीगंगानगर के एक सरकारी स्कूल से स्कूली शिक्षा के बाद रवींद्र श्रीगंगानगर के एक निजी कॉलेज सेठ जी.एल. बिहाणी कॉलेज में चले गए।

रवींद्र कौशिक के बारे में बात करते हुए उनके कॉलेज के एक मित्र सुखदेव सिंह कहते हैं, "वह अपने स्कूल और कॉलेज के दिनों में सबसे लोकप्रिय छात्रों में से एक थे।"

अंडरकवर एजेंट के रूप में अपने कार्यकाल के दौरान कौशिक तीन से चार बार भारत आए। वह दुबई के रास्ते दिल्ली पहुँचे।

सन् 1979 में उन्होंने एक बड़ा ऑपरेशन किया, जिससे उनकी सेवाओं के सम्मान में उनका कोड नाम बदलकर 'ब्लैक टाइगर' कर दिया गया।

मुल्तान में उन्हें सेंट्रल जेल के पीछे दफनाया गया।

राजेश्वरनाथ कौशिक के अनुसार, "भारत सरकार ने रवींद्र की मृत्यु के बाद जो एकमात्र काम किया, वह था उनके माता-पिता को हर महीने पेंशन के रूप में कुछ पैसे भेजना।" परिवार को पहले 500 रुपए प्रतिमाह मिलते थे और कुछ वर्षों के बाद उन्हें वर्ष 2006 तक 2,000 रुपए प्रतिमाह मिलने लगे, जब उनकी माँ अमला देवी की मृत्यु हो गई।

अपने भाई की यादों को सँजोते हुए राजेश्वरनाथ कौशिक कहते हैं, "वह हमेशा मेरे लिए महत्त्वपूर्ण रहेंगे; लेकिन देश के लिए वह सिर्फ और सिर्फ एक खुफिया एजेंट थे।"

□

विनोद साहनी

जासूस गुप्त युद्धों के ऐसे भूले हुए योद्धा होते हैं, जिन्हें पकड़े जाने के बाद गुमनाम कर दिया जाता है। उन्हें तरह-तरह की यातनाएँ भी सहनी पड़ती हैं। पाकिस्तान की जेलों में न जाने कितने ही कुलभूषण और सरबजीत तिल-तिलकर मर रहे हैं। उनमें से कुछ तो मासूम होते हैं, जो धोखे से वहाँ चले जाते हैं; लेकिन जो एजेंट वहाँ अपनी जान जोखिम में डालकर अपने देश के लिए जाते हैं, उनको भी एक समय बाद सरकार भुला देती है। ऐसा ही एक नाम है विनोद साहनी का।

61 वर्षीय विनोद साहनी 11 वर्ष पाकिस्तान की जेल में बिताकर सन् 1988 में स्वदेश लौटने में सफल हुए।

विनोद साहनी ने मीडिया को बताया, "हम जैसे बंदियों के बारे में फिल्मों में आपको जो कुछ भी दिखाया जाता है, असल में उनकी जिंदगी उससे बहुत बदतर होती है। फिल्में यह नहीं दिखातीं कि पकड़े जाने के दौरान और उसके बाद एक एजेंट पर क्या बीतती है। चूँकि मैं वहाँ 11 वर्ष रहा हूँ, इसलिए मैं यह सब जानता हूँ। जो लोग पाकिस्तान की जेलों से कभी नहीं लौटते, मरने के बाद उनके शरीर को पाकिस्तानी लोग गटर में फेंक देते हैं।"

विनोद जम्मू एक्स स्लीथ्स एसोसिएशन (जम्मू पूर्व जासूस संघ) चलाते हैं, जो पाकिस्तान में पकड़े गए भारतीयों के अधिकारों के लिए लड़ते हैं। वे कहते हैं कि कइयों को तो भारत सरकार पहचानने तक से इनकार कर देती है।

विनोद साहनी बताते हैं कि वह एक टैक्सी ड्राइवर थे, तभी एक इंटेलिजेंस अफसर ने उन्हें एक एजेंट के रूप में काम करने के लिए मना लिया। वह व्यक्ति उनकी गाड़ी में एक यात्री के रूप में आया था। साहनी बताते हैं कि उन्हें सरकारी नौकरी का प्रलोभन दिया गया था।

विनोद साहनी बताते हैं कि वह एक टैक्सी ड्राइवर थे, तभी एक इंटेलिजेंस अफसर ने उन्हें एक एजेंट के रूप में काम करने के लिए मना लिया। वह व्यक्ति उनकी गाड़ी में एक यात्री के रूप में आया था। साहनी बताते हैं कि उन्हें सरकारी नौकरी का प्रलोभन दिया गया था।

"उन्होंने मुझे सरकारी नौकरी देने का वादा किया; लेकिन उन्होंने मुझे यह नहीं बताया कि वे मुझे पाकिस्तान भेजने वाले हैं। जब वे आपको सीमा पर ले जाते हैं, तभी वे आपको जगह बताते हैं। मेरे साथ तीन और लोग थे। मुझे पाकिस्तानी सेना के बारे में जानकारी लेनी थी। हालाँकि, हम स्थानीय लोगों की तरह पाकिस्तान में रहे, लेकिन हम हमेशा भागते रहे और अपने नाम बदलते रहे।"

"वह अधिकारी मुझे कभी नहीं मिला, जो यात्री के रूप में मेरी टैक्सी में सवार हुआ था। लेकिन मैं उस अधिकारी से मिला, जिसने मुझे इस पेशे में लॉन्च किया था। जब मैं लौटा तो उससे मिला। उसने मुझे चाय की पेशकश की और मुझे अगले दिन मिलने को कहा। लेकिन अगले दिन जब मैं वहाँ गया तो उसने मुझे पहचानने से इनकार कर दिया और कहा

कि मैं गलत जगह आ गया हूँ। यह सिर्फ मेरी कहानी नहीं है; ऐसे कई लोग हैं, जो इससे गुजरे हैं। उनके बच्चों को सड़कों पर झाड़ू लगाते और उनकी पत्नियों को दूसरों के घरों में बरतन माँजते देखा जा सकता है।"

विनोद साहनी कहते हैं कि लोग सरबजीत की बात करते हैं; लेकिन न जाने कितने ही ऐसे भारतीय हैं, जो पाकिस्तान की जेलों में सड़ रहे हैं और कोई उनके बारे में बात नहीं करता। जैसे सैनिक देश की सीमा पर खड़े होकर लड़ते हैं, हम भी अपने देश की रक्षा करने के लिए संघर्ष करते हैं, वह भी दुश्मन देश के अंदर रहकर। सरकार को हमारा और हमारे परिवार का खयाल रखना चाहिए।

पाकिस्तान की जेल में रहना मरने से बदतर है। इससे पहले कि पाकिस्तानी आपके शरीर को मारें, वे आपकी आत्मा को हर रोज मारते हैं। वहाँ होनेवाले टॉर्चर को बयाँ नहीं किया जा सकता। सरबजीत बहुत भाग्यशाली थे, जो उनकी कहानी सभी के सामने आ गई।

साहनी को वर्ष 1977 में पाकिस्तान भेजा गया था और उन्हें उसी वर्ष गिरफ्तार कर लिया गया। उन्हें 11 वर्ष की सजा हुई। वह कहते हैं, "पाकिस्तान की जेल में रहना मरने से बदतर है। इससे पहले कि पाकिस्तानी आपके शरीर को मारें, वे आपकी आत्मा को हर रोज मारते हैं। वहाँ होनेवाले टॉर्चर को बयाँ नहीं किया जा सकता। सरबजीत बहुत भाग्यशाली थे, जो उनकी कहानी सभी के सामने आ गई। वहाँ न जाने कितने ही ऐसे लोग पड़े हुए हैं, जिनके बारे में कभी किसी को पता नहीं चलेगा। जिंदा रहते हुए किसी को सम्मान मिलेगा, यह तो भूल जाइए, मरने के बाद वहाँ शरीर को कुत्तों के खाने के लिए कूड़े में फेंक दिया जाता है।"

मार्च 1988 में विनोद साहनी को वापस भारत भेज दिया गया। उन्हें अपने पैसों के लिए बहुत चक्कर काटने पड़े और इसके बाद उन्हें यह अहसास हुआ कि अपना हक लेना ही भारत में कितना मुश्किल है। वह कहते हैं, "मैं सिर्फ अकेला नहीं हूँ, जो भारत वापस लौट पाया। ऐसे और भी लोग हैं। उन्हें अपने हक के पैसों के लिए कहाँ-कहाँ नहीं जाना पड़ता! मुझे इस बात का दुःख नहीं है कि जब हम जैसे लोग पकड़े जाते हैं तो सरकार हमें पहचानने से इनकार कर देती है; दिक्कत यह है कि इसके बाद वह हमारे परिवार का खयाल भी नहीं रखती। कोई भला हमारे साथ ऐसा कैसे कर सकता है! मुझ जैसे कई लोगों ने अपनी पूरी जवानी घरवालों के बिना दूसरे देश की जेलों में बिता दी। सरकार को हमें सैनिकों की तरह सुविधाएँ देनी चाहिए और हमारे परिवार का खयाल रखना चाहिए। अगर कोई हिम्मत करके अपने देश के लिए ऐसा कदम उठाता भी है और इसके बाद उसके साथ परायों जैसा व्यवहार होता है, तो इसे कहाँ तक उचित ठहराया जा सकता है! यह सब जानने के बाद भला कौन अपने देश की मदद करना चाहेगा! जब अपना देश ही दुश्मनों की तरह व्यवहार करेगा तो भला दूसरे से क्या उम्मीद की जा सकती है!"

मैं सिर्फ अकेला नहीं हूँ, जो भारत वापस लौट पाया। ऐसे और भी लोग हैं। उन्हें अपने हक के पैसों के लिए कहाँ-कहाँ नहीं जाना पड़ता! मुझे इस बात का दुःख नहीं है कि जब हम जैसे लोग पकड़े जाते हैं तो सरकार हमें पहचानने से इनकार कर देती है; दिक्कत यह है कि इसके बाद वह हमारे परिवार का खयाल भी नहीं रखती।

उन्होंने कहा, "अगर फिल्में जासूसों और हमारी तकलीफों से जुड़ी हुई हैं तो पहुँच काफी बेहतर होगी। पूरा देश और दुनिया देखेगी कि 'रॉ'

एजेंट क्या करते हैं।" इस विषय पर काफी बॉलीवुड फिल्में बनी हैं। इसी संदर्भ में 'फोर्स 2' की टीम ने उनसे संपर्क किया और उन्हें समर्थन दिया। फिल्म के मुख्य कलाकार जॉन अब्राहम और सोनाक्षी सिन्हा ने दिल्ली में 'अमर जवान ज्योति' पर जाकर देश के गुमनाम नायकों को श्रद्धांजलि दी। उनके साथ विनोद साहनी भी रहे।

"देशभक्त पुरस्कार नहीं चाहते हैं। वे देश के लिए जीते हैं और देश के लिए मरते हैं। जब फिल्म के निर्माताओं ने मुझसे संपर्क किया तो मैंने सोचा कि अगर वे हमारे संदेश को उच्च अधिकारियों तक पहुँचाने में सफल होंगे तो हम उनके साथ जुड़ना पसंद करेंगे।" विनोद साहनी ने बताया।

देशभक्त पुरस्कार नहीं चाहते हैं। वे देश के लिए जीते हैं और देश के लिए मरते हैं। जब फिल्म के निर्माताओं ने मुझसे संपर्क किया तो मैंने सोचा कि अगर वे हमारे संदेश को उच्च अधिकारियों तक पहुँचाने में सफल होंगे तो हम उनके साथ जुड़ना पसंद करेंगे।

विनोद साहनी के अनुभव बहुत भयानक हैं। उन्हें जेल में जंजीरों में बाँधकर रखा जाता था और कठोर यातनाएँ दी जाती थीं। कई जासूसों के पैरों में कीलें चुभोई जाती थीं। कई को इस कदर मानसिक रूप से प्रताड़ित किया जाता था कि वे अपना मानसिक संतुलन खो बैठते थे।

विनोद साहनी बताते हैं कि उन लोगों को काम पर रखनेवाली एजेंसियाँ या अधिकारी उन्हें उम्मीद के मुताबिक मुआवजा नहीं देते। वास्तव में, वे पाकिस्तान में जासूसों के पकड़े जाने पर परिवारों की देखभाल करने के वादे को भी पूरा नहीं करते। सरकार द्वारा ये अस्वीकृत जासूस होते हैं।

□

सतपाल

पाकिस्तान की ओर से एक सफेद एंबुलेंस वाघा बॉर्डर पर आकर रुकी। फटे-पुराने सफेद कपड़े में लिपटे एक पार्थिव शरीर को पाकिस्तानी रेंजरों ने एंबुलेंस से बाहर निकाला और उसे भारत के सीमा सुरक्षा बल (बी.एस.एफ.) के अधिकारियों को सौंप दिया।

जब शव के परिवार ने अमृतसर में उसे देखा तो कपड़े पर भारतीय ध्वज लगा हुआ था। खून से सफेद हिस्सेवाले झंडे का रंग लाल था।

यह सतपाल थे। उनके मृत्यु प्रमाण-पत्र के अनुसार, सतपाल को 25 फरवरी, 2000 को 'गरदन में अकड़न, बुखार, उनींदापन और भ्रम' के साथ लाहौर के सर्विसेज हॉस्पिटल में भरती कराया गया था। पाँच दिनों के बाद 1 मार्च, 2000 को तपेदिक से उनकी मृत्यु हो गई।

सतपाल के शव को देख उनके भाई धर्मपाल ने कहा, "मुझे भरोसा नहीं हो रहा।"

सतपाल के शरीर के बाईं ओर तीन चोटें दिखाई दे रही थीं—एक घाव, जो उनकी निचली पसलियों से उनके कूल्हे के ठीक ऊपर तक चला गया था; माथे पर एक गोलाकार घाव और निचले बाएँ जबड़े पर गंभीर चोट थी। उनकी सारी उँगलियाँ काट दी गई थीं। उनके चेहरे से ही उनकी पहचान की जा सकती थी।

उनके बेटे सुरिंदरपाल ने कहा, "उनके शरीर पर भयंकर यातना के निशान थे।"

सतपाल सैन्य खुफिया के लिए निचले स्तर के एक मुखबिर थे। गुरदासपुर के दादवान गाँव के रहनेवाले सतपाल को सन् 1999 में कारगिल युद्ध के दौरान जासूस के तौर पर पाकिस्तान भेजा गया था। उनका काम भारतीय सेना को रणनीतिक स्थानों और पाकिस्तानी सैन्य बलों की आवा-जाही पर प्रतिक्रिया देना था। उन्हें पकड़ लिया गया और पाकिस्तान की कोट लखपत जेल में कथित तौर पर प्रताड़ित किया गया।

उत्तर-पश्चिमी पंजाब के सीमावर्ती जिले गुरदासपुर में उनकी जैसी कहानियाँ आम थीं। 1950 के दशक से भारतीय खुफिया एजेंसियाँ गरीब व बेरोजगार ग्रामीणों को काम की पेशकश करती रही हैं। इनका काम पाकिस्तान से नक्शे या अन्य जानकारियाँ जुटाना होता है।

उत्तर-पश्चिमी पंजाब के सीमावर्ती जिले गुरदासपुर में उनकी जैसी कहानियाँ आम थीं। 1950 के दशक से भारतीय खुफिया एजेंसियाँ गरीब व बेरोजगार ग्रामीणों को काम की पेशकश करती रही हैं। इनका काम पाकिस्तान से नक्शे या अन्य जानकारियाँ जुटाना होता है। इनमें से कुछ पाकिस्तानी जेलों में मारे जाते हैं। कई लोग स्वदेश लौटकर गरीबी में जीवन जीने के लिए मजबूर होते हैं। भारत सरकार से बमुश्किल उन्हें केवल कुछ मुट्ठी भर मुआवजा हासिल होता है।

'जासूसों के गाँव' के नाम से जाना जानेवाला गुरदासपुर का दादवान गाँव सतपाल का घर था। बी.एस.एफ., सैन्य खुफिया निदेशालय, रिसर्च एंड एनालिसिस विंग (RAW) और इंटेलिजेंस ब्यूरो (आई.बी.) द्वारा

तैयार किए गए सतपाल जैसे जासूसों को पाकिस्तानी सेना की गतिविधियों के बारे में रणनीतिक जानकारी जुटाने का काम सौंपा जाता था।

दादवान एवं गुरदासपुर के कई लोगों ने पाकिस्तानी जेलों में समय बिताया था और उनमें से लगभग सभी को भारत सरकार ने अस्वीकार कर दिया था। यह खुफिया एजेंसियों द्वारा ली गई आधिकारिक लाइन थी। उन्होंने इन पैदल सैनिकों के बारे में किसी भी जानकारी से इनकार किया। "यह खेल का नियम है।" एक पूर्व खुफिया ब्यूरो अधिकारी कहते हैं, जिन्होंने नाम न छापने की शर्त पर बताया।

दादवान के लगभग हर घर में एक भाई या पिता होता है, जो एक खुफिया एजेंसी के लिए काम करता है। आई.बी. के एक पूर्व अधिकारी का कहना है कि कोई आधिकारिक संख्या नहीं है, क्योंकि उनमें से ज्यादातर 'ऑफ द बुक' हैं। जबकि उन्हें किसी प्रकार की मान्यता या प्रतिपूर्ति नहीं मिलती, वे आसपास के शहरों में विषम नौकरियों के साथ जीवन बसर करने को मजबूर होते हैं।

दादवान के लगभग हर घर में एक भाई या पिता होता है, जो एक खुफिया एजेंसी के लिए काम करता है। आई.बी. के एक पूर्व अधिकारी का कहना है कि कोई आधिकारिक संख्या नहीं है, क्योंकि उनमें से ज्यादातर 'ऑफ द बुक' हैं।

हर साल अज्ञात संख्या में मुखबिर भारत-पाकिस्तान सीमा पार करते हैं और अनिश्चित काल के लिए पाकिस्तानी जेलों में बंद हो जाते हैं। कई तस्करों के रूप में शुरुआत करते हैं, लेकिन हमेशा दोनों तरफ से पकड़े जाते हैं। एक समझौते के रूप में उन्हें अपने संचालकों की जानकारी साझा न करने के लिए कहा जाता है। अकसर पाकिस्तानी अधिकारियों द्वारा जानकारी के लिए उन्हें पकड़ लिया जाता है और प्रताड़ित किया जाता है।

लंबी पूछताछ के दौरान उनमें से लगभग सभी को अँधेरी व बदबूदार तनहाई सेल में रखा जाता है। उन्हें महीनों तक धूप देखने को भी नहीं मिलती।

यातना के तरीके बहुत पीड़ादायक होते हैं। अधिकांश अर्धनग्न कैदियों के हाथों व पैरों को एक साथ बाँधकर एक बेंत से उनकी नाभि के नीचे बार-बार प्रहार किया जाता है। कैद के दौरान बार-बार बेंत के प्रहार से किडनी को गंभीर नुकसान पहुँचता है।

यातना के तरीके बहुत पीड़ादायक होते हैं। अधिकांश अर्धनग्न कैदियों के हाथों व पैरों को एक साथ बाँधकर एक बेंत से उनकी नाभि के नीचे बार-बार प्रहार किया जाता है। कैद के दौरान बार-बार बेंत के प्रहार से किडनी को गंभीर नुकसान पहुँचता है।

खुफिया अधिकारी समझते हैं कि अत्यधिक यातना के दबाव में कैदी अकसर रहस्य खोल देते हैं। जासूस कैदियों के साथ क्रूरतापूर्ण व्यवहार करने का हरेक देश का अपना इतिहास रहा है। इसमें कोई भी देश दूध का धुला नहीं है।

"हम सभी, जिन्हें पकड़ लिया गया है, वे इससे गुजर चुके हैं। हम जानते हैं कि यह कितना बुरा है!" बुजुर्ग पूर्व जासूस डेविड मसीह कहते हैं, "सतपाल का एक अन्य मुखबिर और पड़ोसी, जिसे बहुत प्रताड़ित किया गया था, वह बिना रुके मुश्किल से पाँच फीट चल पाता है। खड़े रहने के लिए उसे चलनेवाली छड़ी की जरूरत पड़ती थी।"

उच्च प्रशिक्षित जासूसों के विपरीत, सतपाल जैसे मुखबिर जासूसों को यूँ ही मरने के लिए छोड़ दिया जाता है। उन्हें वर्षों तक जेल में रहना पड़ सकता है, क्योंकि उन्हें न तो राजनयिक छूट का विशेषाधिकार

हासिल होता है और न ही समुचित कानूनी मदद। ऐसे जासूसों को सबसे निचले पायदान पर माना जाता है।

वर्ष 1985 के बाद से सतपाल सैन्य खुफिया (मिलिटरी इंटेलिजेंस) के लिए एक मुखबिर और कूरियर रहे। अपने 15 वर्ष के जासूसी कॅरियर के दौरान उन्होंने दो दर्जन से अधिक यात्राएँ कीं।

अकसर उनके घर के दरवाजे पर एक सफेद जीप आकर रुकती और सादे कपड़ों में आए कुछ लोग उनको गाड़ी में बैठाते। घर वालों को पता भी नहीं होता था कि अब वह कब लौटेंगे, या नहीं भी लौटेंगे! खुफिया एजेंसियों के अधिकारियों के दौरे को 'अँधेरे तहखाने से दौरे' के रूप में संदर्भित किया जाता था; क्योंकि उसमें घोर मानसिक पीड़ा का अनुभव होता था, जब सतपाल सीमा के दूसरी ओर से लंबे समय के बाद घर लौटते थे।

सतपाल के परिवार ने उन्हें रोकने की बहुत कोशिश की। उनके पिता तेजपाल ने बहुत कोशिश की, लेकिन उनके आकाओं द्वारा दिया जानेवाला पैसा और शराब सतपाल को बहुत लुभाते थे। सतपाल को मिशन की प्रकृति के आधार पर 1,200 से 2,000 रुपए के बीच मिलते थे।

सतपाल के परिवार ने उन्हें रोकने की बहुत कोशिश की। उनके पिता तेजपाल ने बहुत कोशिश की, लेकिन उनके आकाओं द्वारा दिया जानेवाला पैसा और शराब सतपाल को बहुत लुभाते थे। सतपाल को मिशन की प्रकृति के आधार पर 1,200 से 2,000 रुपए के बीच मिलते थे।

उनकी पत्नी जीतो, जिनकी वर्ष 2006 में मृत्यु हो गई, को इस बात की चिंता होती थी कि सफेद जीप उनके पति को लेकर उनके दरवाजे पर कब वापस आएगी।

आई.बी. के एक पूर्व अधिकारी बताते हैं, "जितनी अच्छी जानकारी होगी, इनाम उतना ही ज्यादा होगा। लेकिन बेहतर जानकारी की तलाश का मतलब दुश्मन के इलाके में गहराई तक जाना था और इसलिए, पकड़े जाने की संभावना भी बढ़ जाती थी।"

और वही हुआ, जिसका जीतो को डर था। अपने आखिरी मिशन पर गए सतपाल को 26 नवंबर, 1999 को कश्मीर सीमा के निकट पाकिस्तानी अधिकारियों ने पकड़ लिया। उन पर अवैध रूप से सीमा पार करने और तस्करी के आरोप में मामला दर्ज किया गया।

आई.बी. के एक पूर्व अधिकारी बताते हैं, "जितनी अच्छी जानकारी होगी, इनाम उतना ही ज्यादा होगा। लेकिन बेहतर जानकारी की तलाश का मतलब दुश्मन के इलाके में गहराई तक जाना था और इसलिए, पकड़े जाने की संभावना भी बढ़ जाती थी।"

सतपाल को लाहौर की कोट लखपत जेल में डाल दिया गया। उनके परिवार को महीनों बाद तक उनके पकड़े जाने का पता नहीं चला। तब तक वह दादवान और गुरदासपुर के लापता लोगों में से एक थे।

17 अप्रैल, 2000 को सफेद शर्ट एवं खाकी पैंट में एजेंसी का एक अज्ञात अधिकारी तेजपाल के दरवाजे पर आया। उसने सतपाल के पिता को बताया कि उनके बेटे को मरे हुए लगभग 40 दिन हो गए हैं। एक महीने पहले उसने सतपाल का शव देखा था।

सतपाल की मौत से उनका परिवार सदमे में आ गया। न तो उन्हें मुआवजा मिला और न ही सरकारी नौकरी की संभावना। इसके तुरंत बाद उन्हें समाज-सेवी मनिंदरजीत सिंह बिट्टा से थोड़ी मदद जरूर मिली।

आजीविका के लिए सतपाल की पत्नी जीतो ने कुछ ही दूर धारीवाल कस्बे में घरेलू सहायिका के रूप में काम करना शुरू कर दिया।

खुफिया एजेंसियों की एक अनौपचारिक नीति 'गोल्डन हैंडशेक' प्रदान करना है, जो परिवारों को आर्थिक रूप से सक्षम बनाती है। 'गोल्डन हैंडशेक' का अर्थ है—पद-त्याग करने पर या नौकरी छोड़ने के लिए राजी होने पर कर्मचारी को दी जानेवाली एक बड़ी रकम।

लेकिन सतपाल के बेटे सुरिंदरपाल कहते हैं, "हमें कुछ नहीं मिला।" सुरिंदरपाल 15 वर्ष के थे, जब अधिकारियों ने उन्हें बताया कि उनके पिता की मृत्यु हो चुकी है। उन्होंने पिता की चिता को जलाने में मदद की थी। फिर अगले दो दशकों तक उन्होंने अपने पिता की मृत्यु के बारे में जानकारी इकट्ठा की।

सुरिंदरपाल 15 वर्ष के थे, जब अधिकारियों ने उन्हें बताया कि उनके पिता की मृत्यु हो चुकी है। उन्होंने पिता की चिता को जलाने में मदद की थी। फिर अगले दो दशकों तक उन्होंने अपने पिता की मृत्यु के बारे में जानकारी इकट्ठा की।

उनके बेडरूम में गद्दे के नीचे अखबारों की कतरनें और कानूनी दस्तावेज जमा हैं, जिनसे उन्हें मुआवजे का मामला बनाने में मदद मिली। लेकिन उन्हें बहुत कम सफलता मिली।

सतपाल के बाद उनके माता-पिता और पत्नी जीतो भी भगवान् को प्यारे हो गए। दो बेटियाँ—ज्योति व सरिता का जैसे-तैसे विवाह हो गया। भरे-पूरे परिवार में अब चित्रकार बेटा सुरिंदरपाल और उनकी पत्नी पूजा बचे हैं। घर में सतपाल की कई तसवीरें लगी हैं और 37 वर्षीय सुरिंदरपाल की न्याय पाने की लड़ाई जारी है।

□

सरबजीत सिंह

सरबजीत सिंह को 16 वर्ष तक पाकिस्तान की विभिन्न जेलों में रखा गया और 2 मई, 2013 को जिन्ना अस्पताल लाहौर में उनकी मृत्यु हो गई।

सरबजीत सिंह (जिन्हें 'मंजीत सिंह' के नाम से भी जाना जाता है) को पाकिस्तान के सर्वोच्च न्यायालय द्वारा वर्ष 1990 के दौरान लाहौर एवं फैसलाबाद में बम हमलों की एक श्रृंखला के लिए आतंकवाद और जासूसी का दोषी ठहराया गया, जिसमें 14 लोग मारे गए थे। किंतु इसके बजाय, सरबजीत ने दावा किया कि वह एक किसान थे, जो बम धमाकों के तीन महीने बाद सीमा पर स्थित अपने गाँव से गलती से पाकिस्तान चले गए थे।

सरबजीत सिंह अटवाल का जन्म पंजाब के तरनतारन जिले में भारत-पाकिस्तान सीमा पर स्थित भिखीविंड गाँव में सन् 1963/64 में एक गरीब किसान परिवार में हुआ। उन्हें कुश्ती लड़ने और कबूतर पालने का शौक था। जीविकोपार्जन के लिए उन्होंने एक किसान के रूप में दूसरों के खेतों में काम किया। उनकी शादी सुखप्रीत कौर से हुई और उनकी दो बेटियाँ स्वप्नदीप एवं पूनम कौर हैं। उनकी बहन दलबीर कौर अपनी मृत्यु तक उनकी रिहाई की दिशा में काम करती रहीं।

पाकिस्तानी दावे के मुताबिक, सरबजीत को 30 अगस्त, 1990 की रात को कसूर सीमा पर अवैध रूप से भारत-पाकिस्तान सीमा पार करने के आरोप में पाकिस्तानी रेंजर्स द्वारा गिरफ्तार किया गया। जबकि उनके परिजनों ने दावा किया कि गिरफ्तारी गलत पहचान का मामला था और वह केवल एक गरीब किसान था, जो नशे में था और सीमा पर भटक गया। उनकी बहन ने कहा कि परिवार ने तलाशी शुरू की, लेकिन नौ महीने तक उनका कोई सुराग नहीं मिला। एक वर्ष बाद उन्हें सरबजीत का एक पत्र मिला, जिसमें बताया गया कि उन्हें पाकिस्तान में रंजीत सिंह के रूप में गिरफ्तार किया गया था, क्योंकि उनके पास कोई पहचान-पत्र नहीं था और लाहौर पुलिस द्वारा उन पर फैसलाबाद एवं लाहौर में सन् 1990 की आतंकवादी गतिविधियों, जासूसी करने और बम विस्फोट करने का दोषी ठहराया गया तथा उन्हें मौत की सजा दे दी गई। पाक पुलिस अधिकारियों ने दावा किया कि वह 'रंजीत सिंह' था और चार विस्फोटों के लिए जिम्मेदार था, जिसमें 14 लोग मारे गए थे और जिसे बम विस्फोट के बाद भारत लौटते समय गिरफ्तार किया गया।

> ***एक वर्ष बाद उन्हें सरबजीत का एक पत्र मिला, जिसमें बताया गया कि उन्हें पाकिस्तान में रंजीत सिंह के रूप में गिरफ्तार किया गया था, क्योंकि उनके पास कोई पहचान-पत्र नहीं था और लाहौर पुलिस द्वारा उन पर फैसलाबाद एवं लाहौर में सन् 1990 की आतंकवादी गतिविधियों, जासूसी करने और बम विस्फोट करने का दोषी ठहराया गया तथा उन्हें मौत की सजा दे दी गई।***

सन् 1991 में सरबजीत सिंह को पाकिस्तान के सैन्य अधिनियम के

तहत मौत की सजा दी गई। उनकी सजा को उच्च न्यायालय डिवीजन और बाद में अपीलीय डिवीजन द्वारा बरकरार रखा गया। सुप्रीम कोर्ट ने मार्च 2006 में सरबजीत की मौत की सजा की समीक्षा के लिए प्रदत्त एक याचिका खारिज कर दी, क्योंकि उनके वकील सुनवाई के लिए उपस्थित नहीं हो पाए।

उन पर पाकिस्तान में चलाया गया मुकदमा भी काफी विवादों में रहा। उन पर चार बम विस्फोटों के आरोप लगाए गए, जिनमें से एक फैसलाबाद में और शेष तीन लाहौर में हुए थे; हालाँकि, पुलिस जाँच में चार अलग-अलग पुलिस स्टेशन और दो अलग-अलग जिले शामिल थे। इसमें चार अलग-अलग मजिस्ट्रेटों को बयान दर्ज करने चाहिए थे, लेकिन ऐसा नहीं किया गया। मजिस्ट्रेट के सामने दर्ज किसी भी बयान को शपथ के तहत नहीं लिया गया। मजिस्ट्रेट की अनुपस्थिति में सरबजीत सिंह को गवाहों के सामने पेश किया गया और पुलिस ने गवाहों को सूचित किया था कि वह हमलावर था। इसकी पुष्टि एक गवाही (शौकत सलीम) से हुई थी।

उन पर पाकिस्तान में चलाया गया मुकदमा भी काफी विवादों में रहा। उन पर चार बम विस्फोटों के आरोप लगाए गए, जिनमें से एक फैसलाबाद में और शेष तीन लाहौर में हुए थे; हालाँकि, पुलिस जाँच में चार अलग-अलग पुलिस स्टेशन और दो अलग-अलग जिले शामिल थे।

उनकी पहचान को कभी भी अदालत में सत्यापित या साबित नहीं किया गया और उनके परीक्षण में उन्हें बम विस्फोटों से जोड़ने के लिए कोई फोरेंसिक सबूत नहीं दिया गया। परीक्षण अंग्रेजी में किया गया, जिसे सरबजीत सिंह न तो बोलते थे और न ही समझते थे। उन्हें कोई दुभाषिया

भी प्रदान नहीं किया गया। आरोप थे कि उन्हें हिरासत में प्रताड़ित किया गया और जुर्म कबूल करने के लिए मजबूर किया गया।

26 अप्रैल, 2008 को मुख्य गवाह शौकत सलीम ने पत्रकारों के साथ एक साक्षात्कार के दौरान अपने बयान को वापस ले लिया। सलीम के पिता और अन्य रिश्तेदार बम विस्फोट में मारे गए थे। अदालत में सलीम ने गवाही दी कि सरबजीत सिंह ने बम रखा था; लेकिन बाद में कहा कि उसने पुलिस के दबाव में यह बयान दिया था। सरबजीत सिंह के वकील अब्दुल राणा हामिद ने कहा कि सलीम के बयानों का कोई कानूनी आधार नहीं है, क्योंकि उन्हें कभी भी अदालत में दर्ज नहीं किया गया था।

26 अप्रैल, 2008 को मुख्य गवाह शौकत सलीम ने पत्रकारों के साथ एक साक्षात्कार के दौरान अपने बयान को वापस ले लिया। सलीम के पिता और अन्य रिश्तेदार बम विस्फोट में मारे गए थे।

सरबजीत सिंह की पाँच दया याचिकाओं को अदालतों और पाकिस्तान के राष्ट्रपति ने खारिज कर दिया; लेकिन सन् 2008 में सरकार ने फिर भी उनकी फाँसी को अनिश्चित काल के लिए टाल दिया।

27 जून, 2012 को पाकिस्तानी और अंतरराष्ट्रीय मीडिया में खबर उड़ी कि राष्ट्रपति आसिफ अली जरदारी ने पाकिस्तान के गृह मंत्रालय द्वारा भेजे गए एक दस्तावेज पर हस्ताक्षर किए, जिसमें सरबजीत सिंह की मौत की सजा को आजीवन कारावास में बदल दिया गया।

इस खबर की जमात-ए-इसलामी और जमात-उद-दावा जैसे पाकिस्तानी इसलामी समूह घोर निंदा करने लगे। शायद इसी के चलते पाकिस्तानी सरकार ने घोषणा की कि रिहा होनेवाले कैदी का नाम 'सुरजीत सिंह' होगा, 'सरबजीत सिंह' नहीं। सुरजीत सिंह को

पाकिस्तानी सुरक्षा अधिकारियों ने जासूसी के आरोप में गिरफ्तार किया था; हालाँकि, भारत सरकार ने इस बात से इनकार किया कि सुरजीत सिंह एक जासूस था।

सरबजीत–सुरजीत से संबंधित भ्रम के बारे में सुरजीत सिंह ने कहा कि दोनों नामों की समान उर्दू वर्तनी ने भ्रम पैदा किया। पाकिस्तान सरकार ने भी एक बयान जारी कर इन खबरों का खंडन किया और भ्रम के लिए मीडिया को जिम्मेदार ठहराया। उन्होंने घोषणा की कि रिहाई का आदेश एक अन्य कैदी सुरजीत सिंह के लिए था, जिसे वर्ष 1989 में क्षमा कर दिया गया था। सरबजीत के परिवार ने इस घटना की निंदा करते हुए इसे 'क्रूर मजाक' करार दिया।

सरबजीत–सुरजीत से संबंधित भ्रम के बारे में सुरजीत सिंह ने कहा कि दोनों नामों की समान उर्दू वर्तनी ने भ्रम पैदा किया। पाकिस्तान सरकार ने भी एक बयान जारी कर इन खबरों का खंडन किया और भ्रम के लिए मीडिया को जिम्मेदार ठहराया।

सरबजीत सिंह ने पाकिस्तान के पैंसठवें स्वतंत्रता दिवस पर पाकिस्तानी राष्ट्रपति के पास एक नई दया याचिका प्रस्तुत की। भारतीय संसद् के दोनों सदनों में भी 23 अगस्त, 2005 को सरबजीत सिंह के मामले को उठाया गया, जहाँ सरकार को उनकी रिहाई के लिए काररवाई करने के लिए कहा गया।

मार्च 2008 में सरबजीत सिंह का परिवार उनकी रिहाई के लिए अपील करने के लिए पाकिस्तान गया। उन्होंने पूर्व प्रधानमंत्री नवाज शरीफ सहित कई प्रमुख पाकिस्तानी राजनेताओं से मुलाकात की। शरीफ ने कहा, "पाकिस्तान आए सरबजीत के परिवार के सदस्यों की दुर्दशा

देखकर कोई भी व्यक्ति उस दर्द को महसूस कर सकता है, जिससे वह गुजर रहा है।" हालाँकि, शरीफ ने कहा कि उन्हें इस शर्त पर रिहा किया जाना चाहिए कि अगर उनके खिलाफ और सुबूत मिले तो भारत उन्हें वापस पाकिस्तान भेज देगा।

तत्कालीन भारतीय विदेश मंत्री के. नटवर सिंह ने सरबजीत सिंह के मामले को पाकिस्तान के उच्चायुक्त अजीज अहमद खान के समक्ष उठाया और उनसे दिल्ली की इस उम्मीद से अवगत कराने का आग्रह किया कि इस्लामाबाद इस मामले को मानवीय मुद्दे के रूप में लेगा।

सन् 1991 में सरबजीत सिंह की सजा के बाद उनके वकीलों द्वारा कई दया याचिकाएँ दायर की गईं। पाँचवीं याचिका 28 मई, 2012 को भारत से एकत्रित किए गए एक लाख हस्ताक्षरों के साथ दायर की गई। लेकिन कोई भी दया याचिका मंजूर नहीं की गई।

सन् 1991 में सरबजीत सिंह की सजा के बाद उनके वकीलों द्वारा कई दया याचिकाएँ दायर की गईं। पाँचवीं याचिका 28 मई, 2012 को भारत से एकत्रित किए गए एक लाख हस्ताक्षरों के साथ दायर की गई। लेकिन कोई भी दया याचिका मंजूर नहीं की गई।

बॉलीवुड अभिनेता रजा मुराद और सलमान खान ने भी सरबजीत सिंह की रिहाई के प्रयास किए। वहीं अप्रैल 2008 में पाकिस्तानी छात्रों के एक समूह ने सरबजीत को क्षमा देने के लिए सभी आधिकारिक कदमों को वापस लेने की माँग करते हुए एक विरोध मार्च का आयोजन किया।

सरबजीत सिंह पर 26 अप्रैल, 2013 को शाम करीब 4:30 बजे कोट लखपत जेल में अन्य कैदियों द्वारा ईंटों, तेज धातु की चादरों, लोहे की छड़ों और ब्लेड से हमला किया गया। सिर में गंभीर चोट लगने,

कोमा में जाने और रीढ़ की हड्डी टूटने के कारण उन्हें गंभीर हालत में लाहौर के जिन्ना अस्पताल में भरती कराया गया। उन्हें वेंटिलेटर पर रखा गया। उनकी पत्नी, बहन और दो बेटियों को अस्पताल में उनसे मिलने की अनुमति दी गई।

भारत के तत्कालीन प्रधानमंत्री डॉ. मनमोहन सिंह ने इस हमले को 'बहुत दुःखद' करार दिया। 29 अप्रैल, 2013 को भारत ने पाकिस्तान से मानवीय आधार पर सरबजीत सिंह को रिहा करने या कम-से-कम उन्हें भारत में चिकित्सा उपचार प्रदान करने की अनुमति देने की अपील की; लेकिन इसे पाकिस्तान द्वारा बार-बार खारिज कर दिया गया।

भारत के तत्कालीन प्रधानमंत्री डॉ. मनमोहन सिंह ने इस हमले को 'बहुत दुःखद' करार दिया। 29 अप्रैल, 2013 को भारत ने पाकिस्तान से मानवीय आधार पर सरबजीत सिंह को रिहा करने या कम-से-कम उन्हें भारत में चिकित्सा उपचार प्रदान करने की अनुमति देने की अपील की; लेकिन इसे पाकिस्तान द्वारा बार-बार खारिज कर दिया गया।

1 मई, 2013 को जिन्ना अस्पताल में डॉक्टरों ने सरबजीत को ब्रेन डेड घोषित कर दिया। 2 मई, 2013 को लाहौर में स्थानीय समयानुसार 12:45 बजे उनकी मृत्यु होने की सूचना मिली, जब आधी रात को उनकी हालत बिगड़ने के बाद उन्हें वेंटिलेटर सपोर्ट से हटा दिया गया। उसी शाम उनके पार्थिव शरीर को एक विशेष विमान द्वारा भारत लाया गया। भारतीय डॉक्टरों ने दावा किया कि दूसरे पोस्टमार्टम से पता चला कि उनके शरीर से महत्त्वपूर्ण अंग गायब थे। एक शव परीक्षण से यह भी पता चला कि उनकी खोपड़ी दो टुकड़ों में टूट गई थी।

भारत की पंजाब सरकार ने सरबजीत सिंह की मृत्यु पर तीन दिनों के शोक की घोषणा की। भारत सरकार ने उनके कानूनी वारिसों को 1 करोड़ रुपए का मुआवजा देने की घोषणा की।

उनके जीवन पर अभिनेता रणदीप हुड्डा, ऋचा चड्ढा एवं ऐश्वर्या राय बच्चन अभिनीत और ओमंग कुमार द्वारा निर्देशित 'सरबजीत' नामक एक बायोपिक भी बनी, जो 20 मई, 2016 को रिलीज हुई। हालाँकि, पाकिस्तान के सेंसर बोर्ड ने फिल्म को पाकिस्तान-विरोधी होने के कारण प्रतिबंधित कर दिया था।

□

सरस्वती राजमणि

एक अनजान नायिका एक ऐसी महिला है, जिसके बारे में बहुत कम भारतीय जानते हैं; एक ऐसी महिला, जिसने अपने राष्ट्र को औपनिवेशिक शासन से लड़ने में मदद करने के लिए साजिश और खतरे का जीवन जिया। महिला भारत की सबसे कम उम्र की जासूस 16 वर्षीया सरस्वती राजमणि थीं, जो इंडियन नेशनल आर्मी (आई.एन.ए.) की खुफिया शाखा के लिए जासूसी करती थीं। सरस्वती राजमणि आई.एन.ए. की एक अनुभवी सैन्य अधिकारी थीं। वह सेना के सैन्य खुफिया विंग में अपने काम के लिए जानी जाती हैं।

राजमणि एक उदार परिवार में पली-बढ़ीं, जहाँ लड़कियों के लिए बहुत कम या कोई प्रतिबंध नहीं था। वह देशभक्त लड़की मुश्किल से 10 वर्ष की थीं, जब वह महात्मा गांधी से मिलीं, जो रंगून (वर्तमान में बर्मा की राजधानी यंगून) में उनके महलनुमा घर का दौरा कर रहे थे।

राजमणि का पूरा परिवार गांधीजी से मिलने के लिए इकट्ठा हो गया था, जो उस समय तक स्वतंत्रता संग्राम के एक महत्त्वपूर्ण नेता थे। जैसे ही परिवार ने उत्साहपूर्वक महात्मा गांधी को अपना परिचय दिया, यह पता चला कि छोटी राजमणि गायब थी। बड़ी खोज (गांधीजी भी उसमें शामिल हो गए) के बाद 10 वर्षीया लड़की बगीचे में शूटिंग का अभ्यास करती मिली।

बच्ची को बंदूक के साथ देखकर गांधीजी चौंक गए। उन्होंने राजमणि से पूछा कि उसे बंदूक की आवश्यकता क्यों है?

"अंग्रेजों को गोली मारने के लिए, निश्चित रूप से।" उसने कड़ा जवाब दिया, यहाँ तक कि उन्हें देखे बिना।

"हिंसा जवाब नहीं है, छोटी लड़की! हम अहिंसक तरीके से अंग्रेजों से लड़ रहे हैं। आपको भी ऐसा करना चाहिए।" गांधीजी ने आग्रह किया।

"हम लुटेरों को गोली मारते हैं, मारते हैं न! अंग्रेज भारत को लूट रहे हैं और जब मैं बड़ी हो जाऊँगी तो कम-से-कम एक अंग्रेज को गोली जरूर मारूँगी!" राजमणि ने दृढ़ स्वर में कहा।

"हम लुटेरों को गोली मारते हैं, मारते हैं न! अंग्रेज भारत को लूट रहे हैं और जब मैं बड़ी हो जाऊँगी तो कम-से-कम एक अंग्रेज को गोली जरूर मारूँगी!" राजमणि ने दृढ़ स्वर में कहा।

राजमणि का जन्म 11 जनवरी, 1927 को रंगून, बर्मा (वर्तमान म्याँमार) में हुआ। उनके पिता सोने की एक खान के मालिक थे और वह रंगून के सबसे अमीर भारतीयों में से एक थे। उनका परिवार भारतीय स्वतंत्रता आंदोलन का बड़ा समर्थक था और उन्होंने उस आंदोलन में पर्याप्त आर्थिक योगदान भी दिया।

राजमणि सिर्फ 16 वर्ष की थीं, जब नेताजी सुभाष चंद्र बोस द्वितीय विश्व युद्ध के चरम पर रंगून गए और आई.एन.ए. के लिए धन इकट्ठा किया तथा स्वयंसेवकों की भरती की। गांधीजी एवं भारतीय राष्ट्रीय कांग्रेस के विपरीत, बोस ने सभी से भारत को ब्रिटिश शासन से मुक्त कराने के लिए हथियार उठाने का आग्रह किया। उनके जोशीले भाषण से प्रभावित होकर राजमणि ने सोने व हीरे के अपने सभी महँगे आभूषणों को

इंडियन नेशनल आर्मी (आई.एन.ए.) को दान कर दिया। यह महसूस करते हुए कि युवती ने भोलेपन से आभूषण दान कर दिए होंगे, नेताजी उन्हें वापस करने के लिए उनके घर गए; हालाँकि, राजमणि इस बात पर अड़ी रहीं कि वह इसका इस्तेमाल सेना के लिए करें। उनके दृढ़ संकल्प से प्रभावित होकर नेताजी सुभाष ने उनका नाम 'सरस्वती' रखा। नेताजी ने कहा, "लक्ष्मी (पैसा) आती है और जाती है, लेकिन सरस्वती नहीं। आपके पास सरस्वती का ज्ञान है। इसलिए मैं आपका नाम 'सरस्वती' रखता हूँ।" इस तरह, राजमणि उस दिन से 'सरस्वती राजमणि' बन गईं।

सन् 1942 में राजमणि को आई.एन.ए. की रानी झाँसी रेजीमेंट में भरती किया गया। वह सेना की सैन्य खुफिया शाखा का हिस्सा थीं। उन्हें पहली भारतीय महिला जासूस होने का श्रेय दिया जाता है।

सन् 1942 में राजमणि को आई.एन.ए. की रानी झाँसी रेजीमेंट में भरती किया गया। वह सेना की सैन्य खुफिया शाखा का हिस्सा थीं। उन्हें पहली भारतीय महिला जासूस होने का श्रेय दिया जाता है।

द्वितीय विश्व युद्ध के दौरान राजमणि को कलकत्ता में ब्रिटिश सैन्य अड्डे में एक जासूस के रूप में भेजा गया, ताकि अंग्रेजों के रहस्यों को प्राप्त किया जा सके और उन्हें आई.एन.ए. के साथ साझा किया जा सके। सन् 1943 में भारतीय सीमाओं की गुप्त यात्रा के दौरान उन्होंने नेताजी सुभाष की हत्या की अंग्रेजों की योजना को उजागर करने में महत्त्वपूर्ण भूमिका निभाई।

लगभग दो वर्षों तक राजमणि एवं उनकी कुछ महिला सहयोगियों ने लड़कों का वेश धारण किया और खुफिया जानकारी जुटाई। मिशन के लिए उन्होंने अपने केश कटवा लिये। वे लड़का बनकर खेमे में ही रहने

लगीं। वे अंग्रेज सिपाहियों के कपड़े धोतीं, जूते पॉलिश करतीं और यह करते हुए उन्होंने कई महत्त्वपूर्ण जानकारियाँ जुटाईं।

एक बार राजमणि की एक साथी को ब्रिटिश सैनिकों ने पकड़ लिया। उसे बचाने के लिए राजमणि ने एक नर्तकी के रूप में ब्रिटिश शिविर में घुसपैठ की। उन्होंने ब्रिटिश प्रभारी अधिकारियों को नशीला पदार्थ पिलाया और अपनी साथी को मुक्त करा लिया। जब वे दोनों भाग रही थीं, राजमणि को एक ब्रिटिश गार्ड ने पैर में गोली मार दी। राजमणि के दाएँ पैर में गोली लग गई। दौड़ते समय भी खून बह रहा था। राजमणि और उनकी सहेली एक पेड़ पर चढ़ गईं, जहाँ उन्होंने तीन दिनों तक डेरा डाले रखा, जब तक अंग्रेजों ने अपना तलाशी अभियान चलाया। गोली के घाव ने राजमणि को स्थायी रूप से लँगड़ा कर दिया; लेकिन उन्हें इस पर गर्व था। उनके लिए यह एक आई.एन.ए. जासूस के रूप में उनके रोमांचक दिनों की याद दिलाता था।

एक बार राजमणि की एक साथी को ब्रिटिश सैनिकों ने पकड़ लिया। उसे बचाने के लिए राजमणि ने एक नर्तकी के रूप में ब्रिटिश शिविर में घुसपैठ की। उन्होंने ब्रिटिश प्रभारी अधिकारियों को नशीला पदार्थ पिलाया और अपनी साथी को मुक्त करा लिया।

बाद में, राजमणि अकसर याद करती थीं कि नेताजी उनके बहादुरी से भागने और गौरव के क्षण में कितने खुश थे, जब उन्हें आई.एन.ए. की रानी झाँसी रेजीमेंट में लेफ्टिनेंट के पद के साथ-साथ जापानी सम्राट् द्वारा पदक दिया गया था।

सेना में उनका काम समाप्त हो गया, जब द्वितीय विश्व युद्ध के बाद नेताजी ने आई.एन.ए. को भंग कर दिया।

द्वितीय विश्व युद्ध के बाद राजमणि के परिवार ने सोने की खान सहित अपनी सारी संपत्ति दान कर दी और भारत आकर चेन्नई में रहने लगा। दुःख की बात है कि जिस परिवार ने स्वतंत्रता संग्राम में अपना सबकुछ दान कर दिया, उसे भारत लौटने पर गरीबी का जीवन व्यतीत करना पड़ा।

लंबे समय तक वह वयोवृद्ध स्वतंत्रता सेनानी चेन्नई में एक जीर्ण-शीर्ण और तंग कमरे के अपार्टमेंट में अकेली रहती थीं, जिन्हें केवल नेताजी सुभाष चंद्र बोस की कई तसवीरों से सजाया गया था। बाद में, तमिलनाडु सरकार की तत्कालीन मुख्यमंत्री जयललिता ने उन्हें एक हाउसिंग कॉलोनी में एक पुराना घर आवंटित किया।

बुढ़ापे में भी वह दरजी की दुकानों पर जातीं और उनसे कपड़े के स्क्रैप के साथ ही अस्वीकृत कपड़े इकट्ठा करती थीं। वे उन सामग्रियों का उपयोग कपड़े बनाने के लिए करतीं, जिसे वह अनाथालयों व वृद्धाश्रमों को दान कर देतीं। वर्ष 2006 की विनाशकारी सुनामी के दौरान उन्होंने एक स्वतंत्रता सेनानी के रूप में राहत कोष में अपनी अल्प मासिक पेंशन भी दान कर दी थी।

13 जनवरी, 2018 को हृदय गति रुकने से देश की प्रथम जासूस और स्वतंत्रता सेनानी सरस्वती राजमणि का निधन हो गया। उनका अंतिम संस्कार पीटर्स कॉलोनी, रॉयपेट्टा, चेन्नई में किया गया।

□

सुरजीत सिंह

भारतीय जासूस सुरजीत सिंह को 28 जून, 2012 को करीब 30 वर्ष से अधिक समय तक पाकिस्तानी जेल में रहने के बाद रिहा किया गया।

दिसंबर 1981 में जब सुरजीत सिंह कड़ाके की ठंड के दिन पाकिस्तान जाने के लिए घर से निकले तो उन्होंने अपनी पत्नी से कहा कि वह बहुत जल्द लौट आएँगे।

जब वादे के अनुसार सुरजीत सिंह घर नहीं लौटे तो उनकी पत्नी हरबंस कौर को शुरू में लगा कि उन्हें काम के लिए रोका गया होगा; लेकिन जब दिन हफ्तों में, हफ्ते महीनों में और महीने वर्षों में बदल गए तो वह कहती हैं कि उनके दिमाग ने काम करना बंद कर दिया। "मुझे नहीं पता था कि वह मर गए या जिंदा हैं।"

बेटी परमिंदर कौर 12 या 13 वर्ष की थी, जब उसके पिता लापता हो गए थे। परमिंदर और उसके भाई-बहनों को जल्द ही स्कूल छोड़ना पड़ा, क्योंकि परिवार उनकी शिक्षा-दीक्षा का खर्च नहीं उठा सकता था।

हरबंस कौर कहती हैं, "थोड़े दिनों बाद हमें लगा कि वह मर चुके हैं। अब उनकी याद के अलावा कुछ नहीं बचा था। हमें हमेशा लगता था कि अगर वह जीवित होते तो हम अच्छा खाना खाते, अच्छे कपड़े पहनते

और एक बेहतर सामाजिक जीवन जीते।"

और फिर, अचानक वर्ष 2004 में, यानी उनके लापता होने के 25 वर्ष बाद, परिवार के घर एक पत्र आया। सुरजीत सिंह ने उसमें अपने छोटे बेटे कुलविंदर सिंह को संबोधित किया था और वह तब हुआ, जब परिवार को पता चला कि जिस आदमी को उन्होंने 'मरा' समझकर छोड़ दिया था, वह जीवित था।

जब सुरजीत को लाहौर की कोट लखपत जेल में जासूसी के आरोप में कैद किया गया था, तब तक उनके परिवार की उनके जीवित रहने की उम्मीद टूट चुकी थी। जेल में उन्हें पूरी तरह से अलग कोठरी में रखा गया था; न कोई उनसे मिलता था, न कोई पत्र आता था।

हरबंस कौर कहती हैं, "उनका पत्र मिलने के बाद मुझे उम्मीद थी कि मैं अपने पति को फिर से देख पाऊँगी।"

जब सुरजीत को लाहौर की कोट लखपत जेल में जासूसी के आरोप में कैद किया गया था, तब तक उनके परिवार की उनके जीवित रहने की उम्मीद टूट चुकी थी। जेल में उन्हें पूरी तरह से अलग कोठरी में रखा गया था; न कोई उनसे मिलता था, न कोई पत्र आता था। जेल में उनका कुछ समय मृत्युदंड की प्रतीक्षा में बीता। केवल उनके विश्वास ने उन्हें बनाए रखा। "सबकुछ सर्वशक्तिमान के कारण। उसने उन लंबे कठिन वर्षों में मेरी मदद की।" वे कहते हैं।

इस त्रासदी ने उनके परिवार को झकझोर दिया। उनके सबसे बड़े बेटे की मृत्यु हो गई। इसलिए जब श्री सुरजीत सिंह 73 वर्ष की उम्र में वाघा बॉर्डर पर आए तो वे एक ऐसे देश और ऐसे परिवार में लौटे, जिसमें आमूलचूल परिवर्तन हो चुका था।

एक बार उन्होंने खुले तौर पर स्वीकार किया कि वह 'जासूसी

करने' के लिए पाकिस्तान गए थे। वह कहते हैं, "यह भारत सरकार थी, जिसने मुझे पाकिस्तान भेजा था। मैं वहाँ खुद नहीं गया था।" वैसे, पाकिस्तानी जेलों में बंद रहकर लौटनेवालों ने हमेशा इस बात का खंडन किया है कि वे भारत के जासूस थे।

उनका कहना है कि उनकी अनुपस्थिति में सेना ने उनके परिवार को 150 रुपए की मासिक पेंशन का भुगतान किया। "अगर मैंने उनके लिए काम नहीं किया तो उन्होंने मेरे परिवार को भुगतान क्यों किया?" वह पूछते हैं।

उनका कहना है कि उनकी अनुपस्थिति में सेना ने उनके परिवार को 150 रुपए की मासिक पेंशन का भुगतान किया। "अगर मैंने उनके लिए काम नहीं किया तो उन्होंने मेरे परिवार को भुगतान क्यों किया?" वह पूछते हैं।

सुरजीत सिंह के अनुसार, "एक युवा के रूप में मैंने अर्धसैनिक सीमा सुरक्षा बल के साथ सन् 1968 से कुछ वर्षों तक काम किया। 1970 के दशक के मध्य में भारतीय सेना ने मुझे एक जासूस के रूप में काम करने के लिए भरती किया। मैंने पाकिस्तान के 85 दौरे किए। मैं पाकिस्तान जाता था और सेना के लिए दस्तावेज वापस लाता था। मैं हमेशा अगले दिन लौटता था। मुझे कभी कोई परेशानी नहीं हुई। लेकिन मेरी अंतिम यात्रा में चीजें बहुत गलत हो गईं।"

"मैं एक पाकिस्तानी एजेंट की भरती के लिए सीमा पार गया था। जब मैं उसके साथ लौटा तो सीमा पर एक भारतीय अधिकारी ने उस एजेंट का अपमान किया। उसने एजेंट को थप्पड़ मारा और उसे भारतीय सीमा में अंदर नहीं आने दिया। एजेंट परेशान था, इसलिए मुझे उसे एस्कॉर्ट करके पाकिस्तान लौटना पड़ा। इससे क्षुब्ध होकर लाहौर में

उसने पाकिस्तानी अधिकारियों के सामने मेरी पहचान उजागर कर दी।"

सुरजीत सिंह को उसी समय गिरफ्तार कर लिया गया और पूछताछ के लिए किसी सैन्य खुफिया स्थल पर ले जाया गया। सन् 1985 में सेना की एक अदालत ने उन्हें मौत की सजा सुनाई। लेकिन फिर सन् 1989 में राष्ट्रपति गुलाम इशहाक खाँ ने उनकी दया याचिका स्वीकार कर ली और उनकी सजा को उम्रकैद में बदल दिया।

शुरुआत में, सुरजीत सिंह को घर लौटने की कोई उम्मीद नहीं थी। जब उन्हें मौत की सजा मिली तो उन्होंने जीवन की आस छोड़ दी थी। उन्हें लगा कि अब वही सच्चाई थी।

सुरजीत सिंह सरकार और अधिकारियों से भी नाराज दिखे। उनका कहना था कि "सरकार को उनकी परवाह नहीं है। वह पाक जेलों में भारतीय कैदियों के लिए कुछ भी करने से इनकार करती है। अधिकारी भूल जाते हैं कि वे लोग भी किसी के पति, किसी के बेटे, किसी के भाई हैं।"

सुरजीत सिंह सरकार और अधिकारियों से भी नाराज दिखे। उनका कहना था कि "सरकार को उनकी परवाह नहीं है। वह पाक जेलों में भारतीय कैदियों के लिए कुछ भी करने से इनकार करती है। अधिकारी भूल जाते हैं कि वे लोग भी किसी के पति, किसी के बेटे, किसी के भाई हैं।"

कैद से वापसी पर सुरजीत सिंह परिवार के नए सदस्यों—आठ छोटे पोते-पोतियों से मिले। 30 वर्ष और 6 महीने बाद पति-पत्नी ने एक-दूसरे को फिर से देखा। तब उनकी गहरी काली दाढ़ी सफेद हो चुकी थी और युवावस्था पर झुर्रियों ने हमला कर दिया था।

सुरजीत सिंह की नाराजगी के बाद उन्हें मदद मिलने लगी। राज्य

प्रशासन ने उनके खेत तक पक्की सड़क, उनकी जमीन पर ट्यूबवेल और बिजली का कनेक्शन दिया। पंजाब के तत्कालीन सिंचाई मंत्री जनमेजा सिंह सेखों ने भी उनसे मुलाकात की और उन्हें 1 लाख रुपए दिए। कुछ स्थानीय लोगों और समूहों ने भी उनके लिए 2.5 लाख रुपए इकट्ठे करके मदद की।

हरबंस कौर कहती हैं, "वह अभी भी वैसे ही दिखते हैं, दाढ़ी जरूर सफेद हो गई है। इतने वर्षों के बाद वह फिर से परिवार में शामिल हो गए हैं। इससे मुझे बहुत खुशी हुई है।"

17 नवंबर, 2015 को दिल का दौरा पड़ने से जासूस सुरजीत सिंह का निधन हो गया; हालाँकि, भारत सरकार ने उन्हें एक जासूस के रूप में कभी मान्यता नहीं दी।

□

कुछ अन्य जासूस

गुप्त एजेंट, गुप्तचर या जासूस गुप्त अभियानों के गुमनाम नायक हैं। वे वैश्विक स्तर पर काम करते हैं, आवश्यक जानकारियाँ प्राप्त करने और गुप्त संचालन में सरकारों की सहायता करते हैं। यदि उन्हें अ-मित्र क्षेत्र में भेजा जाता है तो उनकी कहानी गहरे लाल रंग की हो जाती है। बहुत से लोग वापस नहीं लौटते और ऐसी स्थिति में उनके नियोक्ता भी उनसे किनारा कर लेते हैं। ऐसे ही कुछ जासूस ये भी हैं—

रामराज : गुप्तचरों के साथ गाइड के रूप में 18 वर्ष तक एक खुफिया एजेंसी में काम करने के बाद, रामराज के अनुसार, उन्हें 18 सितंबर, 2004 को एक जासूस के रूप में पाकिस्तान भेजा गया; लेकिन अगले ही दिन उन्हें पकड़ लिया गया। दो वर्ष की सुनवाई के बाद रामराज को आखिरकार पाकिस्तान में 6 साल की जेल की सजा सुनाई गई। फरवरी 2012 में लगभग 8 वर्षों के बाद भारत लौटने पर रामराज ने उन अधिकारियों तक पहुँचने की कोशिश की, जिन्होंने उन्हें एक जासूस के रूप में भेजा था। लेकिन रामराज का कहना है कि उन्होंने उन्हें पहचानने से इनकार कर दिया।

राम प्रकाश : सन् 1994 में एक खुफिया एजेंसी द्वारा पाकिस्तान भेजे जाने से पहले लगभग एक वर्ष तक राम प्रकाश को फोटोग्राफर

के रूप में प्रशिक्षित किया गया। 13 जून, 1997 को भारत वापस आते समय उन्हें गिरफ्तार कर लिया गया। 1 साल तक सियालकोट की गोरा जेल में उनसे पूछताछ की गई और हिरासत में रखा गया। सन् 1998 में एक अदालत ने उन्हें 10 वर्ष कैद की सजा सुनाई। 59 वर्षीय राम प्रकाश का दावा है कि आखिरी बार पकड़े जाने से पहले उन्होंने 3 साल में लगभग 75 बार सीमा पार की थी। उन्हें 7 जुलाई, 2008 को भारत वापस भेज दिया गया।

महबूब इलाही : भारत के लिए जासूसी के आरोप में महबूब इलाही ने वर्ष 1977 से 1996 तक करीब 20 वर्ष पाकिस्तान की विभिन्न जेलों में बिताए। उन पर एक बार पूर्वी पाकिस्तान (अब बँगलादेश) और एक बार पश्चिमी सीमा से होकर पाकिस्तान में अवैध रूप से घुसने का आरोप लगाया गया। उन्होंने पाकिस्तानी सेना और पुलिस सहित विभिन्न सरकारी संगठनों में जासूसी करके कई महत्त्वपूर्ण सूचनाएँ भारत स्थित अपने नियोक्ताओं तक पहुँचाईं।

ओम प्रकाश : कमल कुमार का कहना है कि उनके पिता ओम प्रकाश वर्ष 1998 में पाकिस्तान गए थे। उनके परिवार को इस बारे में उनके पिता द्वारा पाकिस्तानी कैद से भेजे गए एक पत्र से पता चला। ओम प्रकाश नियमित रूप से अपने परिवार को पत्र भेजते थे; लेकिन उनका अंतिम पत्र 14 जुलाई, 2012 को आया। तब से कमल को पता नहीं है कि उनके पिता जीवित भी हैं या नहीं।

सुरम सिंह : सुरम सिंह के अनुसार, उन्होंने सन् 1974 में अवैध रूप से पाकिस्तान में घुसने की कोशिश की, लेकिन सीमा पर ही पाकिस्तानी रेंजरों ने उन्हें पकड़ लिया। सियालकोट की गोरा जेल में उनसे करीब 4 महीने तक पूछताछ की गई। उन्होंने करीब 13 वर्ष 7 महीने पाकिस्तान की अलग-अलग जेलों में बिताए। सुरम सिंह को वर्ष

1988 में भारत को वापस लौटा दिया गया।

बलवीर सिंह : बलवीर सिंह को सन् 1971 में पाकिस्तान भेजा गया और उसी वर्ष उन्हें गिरफ्तार कर लिया गया। 12 वर्ष की जेल की सजा पूरी करने के बाद बलवीर को वर्ष 1986 में भारत वापस भेज दिया गया। अधिकारियों और एजेंसी से कोई मदद नहीं मिलने पर उन्होंने अपने नियोक्ता पर कोर्ट में केस कर दिया। वर्ष 1986 में पंजाब हाई कोर्ट ने उनके लिए मुआवजे की घोषणा की और अगले तीन महीनों में उन्हें देने का आदेश दिया, लेकिन मुआवजा कभी नहीं आया।

शेख शमीम : शेख शमीम को वर्ष 1989 में पाकिस्तानी अधिकारियों द्वारा गिरफ्तार किया गया और उन पर 'रॉ' के लिए जासूसी करने का आरोप लगाया गया। उन्हें भारत-पाक सीमा के पास जासूसी करने के आरोप में 'रँगे हाथ' पकड़ा गया था। उन्हें सन् 1999 में पाकिस्तानी अधिकारियों ने फाँसी दे दी।

सहमत खान : भारत की महिला जासूस सहमत खान पाकिस्तान में एक सैन्य कर्मी की पत्नी बनकर अपने देश के लिए जासूसी करती रहीं। सहमत खान ने मुख्य रूप से सन् 1971 के भारत-पाक संघर्ष के दौरान गुप्तचर का काम किया। सहमत ने न केवल भारतीय दिमाग की रक्त वाहिकाओं के रूप में कार्य किया, बल्कि उन्होंने एक कदम आगे बढ़कर भारत के लिए सटीक जानकारियाँ भी प्राप्त कीं। सहमत की सबसे महत्त्वपूर्ण खुफिया जानकारी भारतीय नौसेना के आई.एन.एस. विराट को नष्ट करने की पाकिस्तान की साजिश थी, जो सेंटौर श्रेणी का एक समुद्री जहाज और विमानवाहक पोत था। भनक मिलते ही भारत ने पाकिस्तान की साजिश को तुरंत विफल कर दिया। बाद में सहमत खान अपने पाकिस्तानी पति के बच्चे के साथ गर्भवती होकर भारत लौटीं। उनका बेटा बाद में भारतीय सेना में भरती हुआ।

शम्सुद्दीन : शम्सुद्दीन सन् 1992 में कुछ रिश्तेदारों से अनबन के बाद भारत छोड़कर 90 दिनों के वीजा पर पाकिस्तान चले गए। कुछ समय बाद उन्होंने अपने परिवार को वापस कानपुर भेज दिया और पाकिस्तान में रहने लगे। वर्ष 2012 में उन्हें जासूसी के आरोप में गिरफ्तार किया गया था और उन्होंने 8 साल पाकिस्तान की जेल में बिताए। फिर उन्हें आरोप से बरी कर दिया गया और 26 अक्तूबर को कराची की लाडी जेल से रिहा कर दिया गया।

16 नवंबर, 2020 को शम्सुद्दीन को भारत वापस भेज दिया गया। उन्होंने अटारी बॉर्डर से भारत में प्रवेश किया। लेकिन चूँकि नियमों के अनुसार उन्हें 14 दिवसीय संगरोध पूरा करने की आवश्यकता थी, इसलिए उन्हें अमृतसर में रखा गया। सभी औपचारिकताएँ पूरी करने के बाद उ.प्र. पुलिस की एक टीम 14 नवंबर, 2020 को अमृतसर पहुँची और सोमवार सुबह उन्हें वापस ले आई। संक्षिप्त पूछताछ के बाद उन्हें उनके परिवार को सौंप दिया गया और वह कानपुर में अपने परिवार के पास वापस लौट आए। 70 वर्षीय शम्सुद्दीन की वापसी पर कानपुर के भीड़भाड़वाले कांघी मोहल इलाके में दीवाली जैसा उत्सव मनाया गया।

जैसे ही उन्होंने सँकरी गली में कदम रखा, उनकी बहन शबीना बेहोश हो गईं। उनकी बेटियाँ अजरा और उज्मा काफी देर बाद उन्हें देखकर रो पड़ीं। शम्सुद्दीन का स्वागत करने के लिए सैकड़ों लोग मौजूद थे, जो भावनाओं से भीगे हुए थे।

"मैंने उस जेल में बहुत कुछ सहा। मेरी आजादी सबसे अच्छा दीवाली उपहार है, जो मैं माँग सकता था।" उन्होंने कहा।

"मेरा देश सबसे अच्छा है; मुहाजिरों (भारतीय प्रवासियों) के साथ पाकिस्तान में अच्छा व्यवहार नहीं किया जाता। मैंने वहाँ जाकर बहुत बड़ी गलती की। भारतीय उनके दुश्मन की तरह हैं।" उन्होंने कहा।

उनके लौटने पर पुलिसकर्मियों ने उन्हें मिठाई खिलाई और उनका माल्यार्पण किया। वह रोने लगे और कहा कि यह उनके लिए सबसे यादगार दीवाली है। उनकी बहन शबीना ने कहा कि परिवार की प्रार्थनाओं का आखिरकार जवाब दिया गया। हर कोई उन्हें वापस पाने के लिए उत्साहित था।

उनके भाई फहीम ने मदद के लिए केंद्र सरकार का शुक्रिया अदा किया। उन्होंने कहा कि परिवार ने उन्हें फिर से एक साथ देखने की सारी उम्मीदें खो दी थीं। उनकी दो बेटियाँ 3 और 4 साल की थीं, जब उन्होंने उन्हें आखिरी बार देखा था।

शेख शमीम : शेख शमीम को पाकिस्तानी अधिकारियों ने सन् 1989 में गिरफ्तार किया था और उन पर रिसर्च एंड एनालिसिस विंग (RAW) के लिए जासूसी करने का आरोप लगाया गया था, जैसा कि ए.एफ.पी. (एजेंसी फ्रांस प्रेस) ने बताया। पाकिस्तानी अधिकारियों ने कहा कि उन्हें पाकिस्तान-भारत सीमा के पास जासूसी करते हुए 'रँगे हाथ' पकड़ा गया। वर्ष 1999 में पाकिस्तानी अधिकारियों ने उन्हें फाँसी दे दी थी।

□

संदर्भ-सूची : साभार

पुस्तक-लेखन हेतु विभिन्न सूचना-स्रोतों एवं व्यक्तिगत संपर्कों के अतिरिक्त निम्नलिखित सूचना-स्रोतों द्वारा सहयोग लिया गया है, जिसके लिए लेखक व प्रकाशक द्वारा हार्दिक आभार।

- "A Spy & a Gentlemen". Kashmir Sentinel. Retrieved
- "Headhunting lesson : Get 'em as CIA does". Hindustan Times. Retrieved
- "Life and Times of R.N. Kao". Kashmiri Pandit Network. Retrieved
- "R.N. Kao : In Remembrance". South Asia Analysis Group
- "Remembering the legendary Kao". Canary Trap. Retrieved
- "What's the score on India's covert operations". The Telegraph
- 'अजीत डोभाल का शक्ति सिद्धांत'। Firstpost
- 'अजीत डोभाल म्याँमार संचालन'—इंडियाटीवी न्यूज
- 'एन.एस.ए. अजीत डोभाल के हस्तक्षेप के बाद म्याँमार ने भारत में वांछित 22 पूर्वोत्तर विद्रोहियों को सौंप दिया।' Zee News

संदर्भ-सूची : साभार

- 'कैसे अजीत डोभाल ने 1972 में केरल में दंगे को दबा दिया।' The week
- 'कैसे पी.एम. मोदी, अजीत डोभाल और सेना प्रमुख ने आतंकवादियों के खिलाफ गुप्त हमले की योजना बनाई।' दि इकोनॉमिक टाइम्स
- 'जासूसों में सबसे बड़े—अजीत डोभाल नए राष्ट्रीय सुरक्षा सलाहकार', Hindustan Times
- https://ca.news.yahoo.com › 10-indian-secret-agents-tha...
- https://caravanmagazine.in › government › ajit-doval-o...
- https://en.wikipedia.org/wiki/Operation_Black_Thunder
- https://ikashmir.net/rnkao/times.html
- https://navbharattimes.indiatimes.com›
- https://sg.style.yahoo.com › 10-indian-secret-agents-tha...
- https://theprint.in › defence › spy-chiefs-deputies-from-...
- https://timesofindia.indiatimes.com
- https://www.aajtak.in› india › story
- https://www.amarujala.com› jammu
- https://www.bbc.com › news › world-asia-india-18687924
- https://www.bhaskar.com› news› ns...
- https://www.firstpost.com › india › kulbhushan-jadhav-...
- https://www.freepressjournal.in/world/pakistan-indian-spy-agency-raw-member-arrested-in-lahore-claims-punjab-counter-terrorism-department

- https://www.hindustantimes.com › india-news › brande...
- https://www.hindustantimes.com/india-news/branded-indian-spy-kanpur
- https://www.jagran.com› news› nati...
- https://www.jansatta.com › national
- https://www.news18.com › news › india › 12-tales
- https://www.prabhatkhabar.com› national
- https://www.scoopwhoop.com › sehmat-and-other-india...
- https://www.scoopwhoop.com › sehmat-and-other-india...
- https://www.thebetterindia.com ›
- https://www.thebetterindia.com › Stories
- https://www.theindianwire.com › People
- Kashmiri Pandit Network. Retrieved
- R.N. Kao : Gentleman Spymaster, Nitin A. Gokhale
- Rediff. Retrieved
- 'बँगलादेशी घुसपैठ सबसे बड़ा खतरा'। Rediff.com.

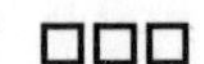